性のおはなし Q&A

幼児・学童に伝えたい
30のこと

浅井 春夫 著

エイデル研究所

はじめに
－性を楽しく、ポジティブに語るために－

　本書は、①語りあいを楽しみながら、子どもたちと性をポジティブに語ってもらうための参考書であり、②子どもとともにおとな・保護者が新たな課題にチャレンジするためのガイドであり、③性をめぐる人間関係の学びの参考書であることを願って出版したものです。

　ですので、保護者のみなさんとともに保育者、学童保育指導員、児童福祉施設職員、学校教員、医療・保健関係の専門職のみなさんにぜひ読んでいただきたいと願っています。

　私たちおとなも、人間の性（セクシュアリティ）については、学校でも、社会教育や市民教育のなかでも学ぶことは少ないのが実際です。その意味では私たちが性に関する知識を得ながら、事実誤認や迷信、フェイク情報にとらわれないで、科学と人権を柱にした性の学びが求められています。

　しかし、実際には性の知識を与えたら、問題行動を誘発してしまうという「寝た子を起こす」論が漠然と私たちの意識の中にあることも少なくありません。幼児や学童に性は関係ないことで、中高生の時期に学べばいいこと！などと思っていませんか。幼児期、学童期であっても、いろんな情報のなかで子どもたちは暮らしています。

　ウンコ、チンポ、ボッキ、オシリ・・・こんなことばを誰がいようとお構いなしで口にします。はずかしい～、「おだまり！」と言いたくなるときもありますね。

　そんな屈託のない時期に、私たちが語ることばを持っているのかが問われているのです。もしかしたら、おとなの反応を確かめているのかもしれませんね。セクシュアルな意味を持つことばの使い方がすでに偏見と誤解に基づいているとしたら、私たちが日常的にどのように必要な性の学びをはぐくん

でいくのかが問われています。

　内閣府の「令和元年度 青少年のインターネット利用環境実態調査」(2019年調査)で、低年齢児の「インターネットの利用状況」をみますと、0歳児では4.7%、1歳児で19.2%、2歳児では35.5%、3歳児50.2%、4歳児56.0%、5歳児では60.5%と増えていきます。その中には必要な情報もあるでしょうけど、情報が幼児や学童を想定した情報発信とはいえない内容が多くあることも事実です。

　このような時代に、乳幼児期から学童期を繋ぐ時期に、性をどのように語っていくのかが大事な課題となっています。

▶ 幼児・学童期と性の学び

　「幼児・学童の性」という括りについて、少しふれておきます。

　まず幼児期は、愛着の形成や基本的信頼感の獲得、基本的な生活習慣の形成、社会性の芽生えとともにあそびなどを通して子ども同士の関係性がはぐくまれる時期となります。幼児的思考は世界の中心にいるのが自分自身であるという認識のレベルから、確実に家族内の人間関係から友だちとの関係を通して、社会性の発達を育んでいきます。

　保育所や幼稚園の時代から、学童期は発達の大きな変化の過程を歩むことになります。性的な関心も芽生えてくるとともに知的身体的感情的性的な発達の飛躍を迎え、さまざまな情報のなかで生きていくことになるのですから、その時期に性の学びをはぐくむことを大切にしたいものです。

　心理学や発達論の領域において、前思春期(prepuberty)、思春期(Adolescent)の時期と特徴に関して必ずしも確定されているとはいえない面があります。思春期は国連の定義に基づけば10歳から19歳の時期をさしています。「男子にとっては前思春期への移行がポジティブな道筋での性的関心と結びつきやすい一方で、女子にとってこの時期は、セクシュアリティ

や純潔であること、生殖能力、女であることについて、混乱を招くようなメッセージを受け取りはじめるときである」ということもできます。もっと具体的にいえば、「多くの女子にとって月経は前期思春期の始まり」とみなされており、「男子にとっての前期思春期は、彼らが楽しむことのできる性的欲求と“パワー”の始まり」と考えられていることがよくあります（ユネスコ編、浅井春夫／艮香織／田代美江子／福田和子／渡辺大輔訳『改訂版　国際セクシュアリティ教育ガイダンス』明石書店、42～43頁）。

　ほぼ中学生の時期に相当する「思春期」には、心理的な混乱が生じやすくなり、不安定になることが多くなる傾向にあります。この思春期の予兆は、10～12歳ごろから具体的に表れてくるようになり、そうした微妙な時期を「前思春期」といいます。

　おとなたちが子どもの人格を尊重し、納得できる話をしていくことができれば、信頼関係を深めることになります。この前思春期の時期に、保護者やおとなとの信頼関係が形成されていると、思春期において保護者ともおなとも依存的な関係から自立的な関係へとソフトランディングしていくことができるようになります。その点でいえば、性のことが率直に話し合える関係であるかどうかは大きな分岐点ともなるということができます。

▶ 本書の特徴と構成

　本書はできるだけ具体的な説明をすることを大切にしています。性を語ることは簡単そうで、どっこい、そう簡単ではありません。どうしてそう簡単ではないのかというと、語る側がきちんと学んでいないことです。性について学びはじめと学び直しには、手遅れということはありません。必要だと思ったときからチャレンジすればいいのです。

　本書の特徴は、ひとつは性を語る上での基本的な「知識」を学ぶことを大切にしています。

知識は、子どもの性をめぐる現実、性教育が依拠する子ども観と子ども像、性教育の基本的な考え方などを、理論編で解説しています。最近、出版される幼児期・学童期の性教育本では、具体的な対応方法が紹介されるものが多いのですが、その声かけや関わり方のベースにある理論を学ぶことを避けてはならないと思うのです。速効的な結果を求めたり、簡単にハウツー的な対応方法を求めたりすることは、結果的には長続きしない性教育になってしまうのではないかと考えています。その点で、くらしのなかの性教育もまた基本的な知識を学ぶことを大切にしています。

　第2に、「態度」をどのように形成するのかが重要です。態度は、知識を獲得したうえで、具体的にスキルとして実践化していくために、つなぎとなる実践の出発点となります。子どもの行動や質問に対して素直に受け止め、どのように関わろうとするのかが問われることになります。この態度こそが子どもに勇気を与え、積極的に考える機会を広げることになるのではないでしょうか。

　第3として、具体的なスキルを学ぶことを、Q&Aでどのような場面で、子どもの質問の真意をどう受け止め、どんな言葉かけをするのかを会話形式で紹介しています。Question（問いかけ）に対するAnswer（答え）は、あくまでもひとつの参考事例であって、万能のモデル的答えではありません。読者のみなさんがQ&Aを参考にしながら、実際の子どもとのやりとりを楽しみながら、何を伝えたいのかが大切なことです。その点でスキルを獲得することは性教育をすすめるうえで大変重要です。

　本書で大切にしている願いは、すべての子どもたちに性の学びを保障され、子どもたち一人ひとりが自分らしい、しあわせな人生を歩んでいくことです。

　本書が子どもたちを応援する人たちに読んでいただけることを心から願っています。

contents

contents

第 Ⅱ 部　幼児・学童期の性 ～ 理論編 ～

第 **I** 部

幼児・学童期の性
～30のQ&A～

1.保育現場での疑問

Q1 パンツのなかに手を入れて、性器いじりをしている子を見たら…

　男の子がズボンのなかに手を突っ込んで、あるいはズボンの上から性器に触っている姿は、保育園や家庭でよく見かける光景です。あなたはそんな子どもの姿を見て、どんな気持ちになりますか。たとえば、①気になってしょうがない、②何か言わなければと考えるけれど…、③ほとんど気にしないでいる、④見ているが無視するようにしている、⑤そのほかなど、いろいろな反応が実際にはありますね。男の人にとって性器は"ムスコ"と言われるほど、親近感のある器官です。男の人であれば、だれもが日常的に触っているのが性器です。"いじ（弄）る"とは、「手でもてあそぶ。手なぐさみをする」（『広辞苑』）という意味ですから、弄（まさぐ）るという読み方もあります。性器いじりは、手で自らをなぐさめている状況であるといえます。

　おとなであっても性器を触っている状態は、けっこう気持ちのいいものです。快感というのではなくて、なんとなく安心感というか、リラックスできるというか、そういう感覚があるのが「性器いじり」です。そもそも人間の手は、その長さからして自然と性器に当たるようになっているのです。性器の周辺に、手は置かれるようになっています。おとなだって家にいるときに、知らないうちに性器をなんとなく触っていることもあるんじゃないでしょうか。男性諸氏、そんなことはありませんか。

😊 「性器いじり」を「性器タッチ」と言い換えてみませんか

　ここでひとつの提案をします。

　「性器いじり」という言い方には、あまりよくない行為というニュアンスがあるといってもいいでしょう。「いじる」ということばは国語辞典では、「指や手で触ったりなでたりする」と説明されています。それとともに「おもしろ半分に、いじめたり、からかったりする」という意味があります。とくに

幼児や小学生の行為の場合、「性器いじり」には、否定的で、あまりよくないことというニュアンス（言外に表された話し手の意図）が込められています。

　まだ性的な快感に目覚める年齢でもないのに、早熟でいやらしいという視線があるのではないでしょうか。性行動や性器などの呼び方・名称にはさまざまな偏見が塗り込まれていることが少なくありません。「いじる」という言葉に、こうした偏見が染みついているのであれば、できるだけ偏見のない用語として「タッチ」を使ってみてはどうでしょうか。タッチ (touch) とは、価値観や評価をともなわない用語で「さわること。触れること」という意味です。

　今後、子どもが性器を触っていることがあれば、「性器タッチ」という用語を使うことを提案しておきます。子どもの自然な行為としての「性器タッチ」をあたたかい目でみつめたいものです。

😊 性器タッチの理由

　性器タッチには、いろいろな理由があげられます。「ボクは男の子だから、おちんちんがついている」という性自認につながる意味もありますし、「ボクのおちんちん、どうなっているのかな？」という興味・関心から出てくる場合もあります。あるいは自分に注目をしてほしいというねがいから、おとなの顔を見ながらやっていることもあります。なんとなく落ちつくということもありますね。

　実際には手持ちぶさたで、ただなんとなく性器をさわっている場合が多いでしょう。むしろ性器タッチの問題を考えるとすれば、子ども自身が興味を持ってとりくむことがないことのほうが問題なのではないでしょうか。ですから手持ちぶさたであるときは、興味や関心のあるあそびや行動にこころとからだを向けるための援助を考えてはどうでしょうか。

:) アドバイス・声かけ

　ときとしておとなが発する「そんな汚いところ、さわっちゃダメ！」という声かけは、性器は汚い、恥ずかしいところといった偏見を植え付けることになりかねません。だいたい人間という存在は、やめるように言われると、さらに欲求が募り、より興味を持つものなのです。ですから禁止・制止・抑制のメッセージを発することで、その子どもは、おとなや保育者の前で"これはやってはいけないことなんだな"と考え、隠れてするようになりますし、性や性器に関する嫌悪感を抱かせることにもなってしまいます。

　女の子とちがって、男の子の性器は日常生活のなかで親近感のある存在であることが多いのです。性器タッチも、マスターベーション（ソロセックス）も自らの性器との長い付き合いのはじまりなのです。どういうときに、どのように性器や性的快感とつきあっていくのかの長いトレーニングの幕開けであるということを素直に受け止められるようになりたいものです。

　性器タッチの場面に出くわしたら、悪いこと、いやらしいことをしているという目で見ないことです。「○○ちゃん、一緒に〜しよう」と優しく声をかけてあげてください。きっとそんな言葉かけを子どもは待っているのだと思います。

　実はこの時期の子どもたちが、もっとも素直に性について伝えることができやすいのです。この年齢のいいところは、あまり偏見をもたないで、子どもたちが好奇心にあふれていることです。この時

期に性について抑圧的な罪悪視したメッセージを送るのか、それとも性をポジティブに、とっても大切なものであるというメッセージを送るのかは性教育の大きな分岐点です。

性器タッチは、性の話をおおらかにするひとつのチャンスです。子どもはなんとなく罪悪感を持っていることも少なくありません。そんなときに、さりげなく「おちんちんを大事にしまっておこうね。汚い手で触っていると、おちんちんがかわいそうだからね」と声かけすることもできます。

実際に子どもの性器タッチのなかには、排尿のあと、オシッコがペニスの先やパンツについていて、かゆみを覚えていることもあります。そんなことから性器タッチが日常化していることもあるのです。頻繁に性器タッチを見かけるときには、それがどのような理由であるのかを考えてみなければならないこともあります。

くり返しになりますが、けっして"いやらしい"、"まだ子どもなのに"という見方ではなく、自らのからだの一部をさわっていることに、ソロセックスをしているといったセクシュアルな意味はほとんどないのですから、あまりおとなが意識しすぎないことも心構えとしては大切です。

とはいっても気になりますよね。どうしても気になってしょうがないのであれば、みんなの前ではなく、個別に「みんなが見ているところで、おちんちん（ペニス）をさわるのはどうなのかな。見たくない人もいるからね」「こんどペニスとバルバの絵本でからだの勉強をしましょう。大切なのはからだの勉強だからね」。

気になっているのであれば、どんなことが気になるのかを保育者同士で、また職員会議で話し合うことがあってもいいのではないでしょうか。

性器タッチは、精神的にも身体的にも無害であり、医学的にみても基本的な問題があるわけではありません。このことを前提に私たちは性器タッチをしている子どもに何を伝えたいと考えるのでしょうか。

Q2 おちんちんと、え〜と女の子は?!… 性器の呼び方はどうすればいい?

「けいたさん!おちんちん、ちゃんとしまえたかな?」「おちんちん、だいじだいじだね」と、ふだんから保育者や親が声をかけることもよくありますし、子どもたちは「おちんちん」をよく口にしますね。家庭でもお風呂のなかで「おちんちん、きれいに洗うんだよ」と話すのに、女の子には「……」!?どう言っているのでしょうかね。

　男の子のおちんちんは、こんなに平気で、日常的に呼んでいるのに、どうして女の子の性器の名前は呼べないのでしょうか?一言でいえば、女性の性器は自らのからだの器官として位置づいていなかったということです。堅苦しい言い方になりますが、歴史的にみれば(厳密にいえば明治期以降)、女性の性器は男性の管理下にある器官でしかなかったのです。つまり、セックスや子産みの身体機能であり、家系維持・継続の役割を果たす器官としての意味を持ってきたのです。ではいまはどう呼ばれているのでしょうか。

🙂 保育の現場ではどう呼んでいるの?

　私の担当するゼミ生が東京都H市の保育園で保育士38名を対象としたアンケート調査を行ったものがあるので、それを紹介してみましょう。

　保育士の使う言葉(複数回答あり)では、25名の保育士が「おまた」という言葉を使っており、おそらく現在保育所で、女の子の性器の名称として定着しているのはこの言葉ではないでしょうか。私も講演先などで聞きますと「おまた」が圧倒的で、「おまんこ」もかなり使われています。

　この「おまた」も女性性器の単一呼称運動の時(北沢杏子さんの「ワレメちゃん」の提起に続いて『女性セブン』が1972年および90年に女性性器の名称を読者にアンケートで募集し、議論されたことがありました)に登場したことばです。「オチョンチョン」「オチョン」などは言いやすく、またそれ自体はもと

  第Ⅰ部　幼児・学童期の性 〜30のQ&A〜

もと何の意味もない音声の集合ですから「おちんちん」とならぶ子どもの言葉としても使われていました。ときには「あそこ」などといったあいまいな指示代名詞が使われていることもありました。

英語でも「down there」で"あそこ"という呼び方があります。子どもたちの使う言葉では、「おまた」と表現する保育士が多いからか、子どもも「おまた」と呼ぶことが多いようです。「おまんちょ」も使われていましたが、これはテレビアニメや子ども同士の中で使われた言葉でしょう。「おまんこ」「まんこ」という言葉と似ているからでしょうか。「おしっこのでるところ」というのも子どもにとっては一番簡潔な性器（正確には排泄器）の説明です。これは説明であって呼び名としてはあまりふさわしくないですね。女の子の性器（ちつ口）、尿道口、こう門のある位置と機能がブラックボックス状態にあるという問題があるといえます。

また、排泄器も「おしり」としてしまうのはまちがいですし、排泄時の注意の際、混乱しますね。「？」という記述や無記入のままの解答もありました。「園ではあまり聞かれません」というコメントもありましたが、100パーセントの保育士が男の子に関しては「おちんちん」という言葉を使っていると答えていたのに対し、女の子の性器に対してはそれが「あまり聞かれない」言葉となっていました。不思議ですね。

☺ ペニスとバルバでは

それぞれの保育園・幼稚園で保育者同士で性器の呼称はどれがいいかを考えてみてはどうでしょうか。無名の存在である排泄器と性器に光をあてることは、自らのからだの学習であり、目や心臓といったからだの名称と同じように、性器の名称も、変に意識したり恥ずかしがったりすることなく自然に使える環境づくりが性教育をすすめるうえで必要不可欠です。わざわざ性器だけを取り上げるのではなく、からだの学びのひとつとして、さりげなく話

してみることもできるのではないでしょうか。「うんち」の話は、絵本でも人気があります。幼児期の場合は、同じように排泄器の学習として話していけばいいのです。

　この内容は、からだの内部のしくみを学ぶとりくみであり、「誰もが、自らのからだに誰が、どこに、どのようにふれることができるのかを決める権利をもっている」（翻訳書、107頁）という「改訂版 国際セクシュアリティ教育ガイダンス」4.2同意・プライバシー・からだの保全の学習目標（5〜8歳）でもあります。

　ちなみにわが家では、小学校に上がる前までは、おちんちんと「おまんまん」でした。小学生になる前には、子どもにこう話しました。「いいかな、"おまんまん"は、ウチだけの呼び方で、本当は"バルバ（vulva）"とペニスなんだよ。言えるかい？とってもだいじなところなんだから、痛かったり、変だったりしたら、ちゃんと言えばいいんだよ。バルバがヘンだよって」。保育の現場や家庭でも、性器と排泄器への関心が出てくる時期には、きちんと性器の名称を伝えて、大切な機能を話してあげたいものです。問題は、大切なところなのよということを言いながら、名前もないし、機能（働き）も教えてもらっていないことなのです。

　どう呼んでいくのかを保育者や保護者で話し合ってみてはどうでしょうか。できれば性教育の学習会などを行いながら、すすめていきたいものです。案外、使ってしまうと、幼児期の子どもたちは偏見もないので、ちゃんと使えるものなんです。必要な時に、正確な性器・排泄器の名称を使って、からだの状況を伝えることができるようになるのです。

　性への偏見を払拭するには、性器の呼び名がきちんとしゃべれることが大切なことです。

　小学校低学年での性教育では、性器の名称について幼児語を使っていけばよいという見解も一部の行政や研究者にありましたが、「ちんちん」の意味（広

辞苑)は、「①やきもち、嫉妬。②極めてねんごろなこと。特に、男女の仲の極めて睦まじいこと。③(幼児語)陰茎。ちんこ」そのほか④〜⑦となっています。このように「ちんちん」は多義語であり、わざわざ幼児語を持ち出し使用することは基本的に避けるべきです。また「べべ」は、「①(幼児語)着物。②陰門の異称。(物類称呼)③子牛」とこれも多義語となっています。

多義語を使用することは、子どもの理解にとって混乱を招くことになり避けるべきです。また方言や古語でもある言葉をわざわざ使用することにはあまり意味があるとはいえません。さらに女性の性器の呼称(方言、卑語、異称)は、性交をも意味している場合が少なくないのであり、いっそう混乱するだけでなく、偏見をつくることにもなります。

性について話すときに、語る側が躊躇するのが性器の名称です。幼児であっても3文字の英語であれば使えます。テレビ、ビデオ、ガラス、テーブルなど、日常生活で英語を幼児期の子どもたちはたくさん使っています。きちんと伝えたい時には、はっきりと「おちんちんといっているところは、正確にはペニスというんだよ。女の子はバルバというんだよ」と伝えてあげてくださいね。

幼児向けの性教育の絵本『あっ！そうなんだ！性と生』(エイデル研究所、2014年)は大変好評で版を重ねています。また、最近出版された『コウノトリがはこんだんじゃないよ！』(子どもの未来社、2020年)はイギリス・アメリカでロングセラーの日本語版です。幼児や小学校低学年から具体的で科学的な内容を楽しく学ぶことができる絵本です。絵本を見せながら、性器(排泄器)の名前と機能を伝えてあげたいものですね。

わたしはわたしのからだの主人公であることを、幼児期から伝えていく実践にチャレンジをしていきましょう。

Q3 性器の名称は どう呼ばれてきたのでしょうか

　倉石忠彦著『身体伝承論—手指と性器の民俗—』（岩田書院、2013年）その題名に魅力を感じて購入。せっかくだから多くの人に知っていただきたいと考え、今回はこの本を紹介しながら、わが国において性器の名称は日常の暮らしの中でどのように呼ばれてきたのかを考えてみます。

　「日本民俗学は、日常生活における文化事象をその研究対象としてきた。しかしその最も身近であるはずの身体の伝承には、あまり関心を払ってこなかった」（8頁）ことにふれながら、「果たして私達は、自らの身体をどのような存在として機能させているのであろうか。それを理解することは、自然と文化との関係を問い直す基礎的作業であり、今流の表現を借りれば、『エコをエゴにしない』ために、自らの身体のあり方を今こそ知る努力をしなければならないのである」（9頁）と書かれており、同感！

　特に「男女性器は生殖器としてだけでなく、文化的身体の一部位として研究対象とする必要性はありながら、民俗学においては最も研究対象とされにくい部位であった」（18頁）といえます。とりわけ女性性器に関する異名は、方言86種、現代隠語として、抽象的表現216種、形態的表現203種、機能的表現46種、俗称79種、古語としての方言22種、古語隠語131種、古語俗称64種を数えることができます（笠井寛治『日本女性の外性器−統計的形態論−（日本性科学大系1）』フリープレスサービス、1995年、403〜405頁。この統計資料には出典等が明確になっていないなどの問題がありますが、呼称の多様さを確認することはできます）。

☺ 女性性器の表現は実に多様

　女性性器の名称は、接頭語（お—）や接尾語（—こ・んこ、—ちゃ・ちょ、—しょ・じょ、—っぺ・んべ）を付けることによって、また同音反復名称

（ちょんちょん、べべ、おまんまん）などは直截的な表現を和らげているということもできます。

　また女性性器の表現には、指示語（あそこ、あれ、しも）などによる間接的言い方もあり、正確に表現しない傾向があるといえます。女性性器の呼び方は実に多様ですが、排尿器官に関しての呼称はほとんどみられないのが実際です。女性性器は男性器が挿入される部位としての器官として表現されているのです。その意味では女性性器は男性にとっての性的行為の道具・対象であり、男性の視点からの表現として使われてきました。

　『身体伝承論』の著者の分類に従いつつ紹介すると、以下のように女性性器の呼称は実に多様な呼び方があります。これらの名称が男性の視点からの呼

● **女性性器呼称系統別一覧**

全国型	べべ系	べべ、べぺ、べべこ、べべっちょ
	そそ系	そそ、おそそ、すそ、おすそ、おそ
	ぼぼ系	ぼ、ぼぼ、ぼんべ、ぼぼじょ、ぼんべ
東北型	へ・べっぱ系	へこ、へのこ、へへ、べっぱ、べらこ
本州型	べっちょ系	べっちょ、べっちょう、べっちょお
	ちゃ系	ちゃこ、おちゃんこ、ちゃぺ、ちゃんぺ、ちゃんちゃ
	べん系	おべんこ、おべんちょ
本州中央型	ちび系	ちび、ちびっこ
	まん系	おまんた、おまんちょう、まんこ、おまんこ
	ちょ系	おちょ、おちょこ、ちょこちょんべ
西日本型	めめ系	めめ、めんこ、めめさん、めめじょ、おめっちょお
中国型	めん系	めんちゃ、めんちょ、めんちょお、おめんちょお
孤立型	おしょ系	おしょく
	ひ系	ひいな
その他の名称：おめこ、つび、おまんまん、ちん、おべろさん、びびんちょ、まんちょ、まんまんちゃん、ぼぼ、べこ、ほうみ、ちょんべ、へっぺ、ほと		

出典）倉石忠彦著『身体伝承論』306 〜 307 頁および 266 〜 267 頁の表を簡略化

称であり、女性独自の身体器官として性器の名称がつけられているとはいえない現状があります。そうした観点からいえば、女性性器は方言などではなく、科学的な用語を使用すべきであると考えています。偏見のない、手あかの付いてない用語である「ペニス」と「バルバ」がベターではないでしょうか。

なお、松本修『全国マン・チン分布考』(インターーナショナル新書、集英社、2018年)は、全国の自治体へのアンケートに基づき、性器の名称についての方言分布図を作成しており、参考になります。

☺ 性教育バッシングは、性器の名称からはじまった！

2013年11月28日、最高裁判所第1小法廷は、都立七生養護学校で行われていた性教育(「こころとからだの学習」)に、都教委・都議ら・産経新聞社が介入した事件に関し、教員・保護者の上告、上告受理申立、東京都の上告受理申立、都議らの上告、上告受理申立をいずれも、棄却するとの決定をしました。これで高裁での判決が確定し、司法での決着は完全についたことになります。3度の勝利判決です。東京弁護士会への人権救済の申し立てに対して、都教委による教育介入について人権侵害であるとして「警告」を発したことを含めると、4度の勝利という結果となりました。

確定した高裁判決は、都議・都教委が「過激性教育」というラベリングをし、現場の教育実践を制限し、教材などを持ち去ったことの判断と対応が誤りであることを明らかにしました。「こころとからだの学習」を「望ましい取り組み方であった」と評価し、教育現場の自主性を広く認める画期的な判決でした。

また教育委員会の権限について「教員の創意工夫の余地を奪うような細目にまでわたる指示命令等を行うことまでは許されない」とし、「こころとからだの学習」について具体的に教育内容を検討したうえ、「本件性教育は学習指導要領に違反しているとはいえない」と明確に述べています(「こころとからだの学習」裁判原告団、同裁判弁護団、同裁判支援全国連絡会声明「『こころ

とからだの学習』裁判最高裁決定を受けて」2013年11月29日）。

性器の名称について「ペニス」「ワギナ」を使うことが"過激性教育"と非難してきたことも根拠のない誹謗中傷であったことも明確になりました。多くの性器の呼び方がある中で、現在使うことができる用語は、外国語であっても科学的な用語であるべきです。都教委や都議らは、これらの呼び方が「こころとからだの学習」の導入の際に歌われる「からだうた」で使われていることを取りあげて、"過激な性教育"、"学習指導要領からの逸脱"などといってきました。こうした動きに積極的役割を担った研究者や政党・議員は、この判決をどう受け止めているのか、聞きたいものです。

性教育バッシングは、性器の名称からはじまったといっても過言ではありません。からだの重要な名称をきちんと教えることは、からだと性器の主体的な存在となる上でも必要なことです。

文科省がすすめる「いのち（生命）の教育」があいまいさと道徳主義的な誘導教育に傾斜する中で、科学的なからだの学習が土台に据えられていない問題があります。

特に人間の性、性的発達、性行動、性の健康に関する課題を避けて、いのちを抽象的に論じることに対して、私たちは"からだの学習"をしっかりと位置づけておくことが大切です。そのためにはからだの各部位の名称、特に隠語や方言で呼ばれてきた性器の名称を科学的な用語を使って説明することが教育実践には必要不可欠です。

「お・も・て・な・し」は、2013年の流行語年間大賞ですが、性器の名称は日常の表舞台では使えず、裏での呼称としてしか使われてこなかったことを考えると、"表なし"ではなく堂々と使える用語が必要になっているのです。隠語や卑猥語、方言などに性器の名称を委ねるのではなく、偏見のない、ジェンダー平等の性器の呼び方として幼児期から何を使ったらいいのかを、保育者、保護者、教育実践者が検討することが必要ではないでしょうか。

Q4 排泄行為の援助の際の排泄器・性器のケアで必要なことはなんでしょうか

😊 トイレでどのように拭くか

　保育園と家庭、さらに外出先では、和式だったり、洋式だったり、洋式でも温水洗浄機能がついていたりと、それぞれ文化が違ってきています。1日のうちに和式と洋式の両方を使っている子どももいます。和式の場合、またいだり段があったりする場面もあるので、子どもたちからすると怖さを感じることがあります。その使い分けをどのようにするかなど難しいですが、幼児期から排泄のふたつの方法を丁寧に伝え、教えなければならない生活環境にあるのが実際です。

女の子の場合

　まず女性の場合、以前は小便の方は前方に拭く、大便の方は後方に拭くというような教え方をしていました。それは当然ながら、大便の方を拭いてから前方にこすると尿道口に便がついてしまうことがあるので、そのような教え方をしてきたのです。

　そもそも「拭く」という言葉は、布や紙で表面の汚れを拭い去る、取るというのが国語辞典的な意味で、「こする」「拭き取る」というイメージを受け取りやすいわけです。しかし、こすって拭き取ると、トイレットペーパーが紙縒のように少しよれて、尿道口付近に付着することになりやすいのです。それは尿を含んでいるので、痒みや臭い、あるいはちょっとした皮膚病の原因の一つになってしまうことがあります。

　ですから最近では、おとなも子どもも「尿道口を軽く押して水分を吸い取る」というやり方がいいのではないかといわれています。トイレットペーパーを少し手に巻き取り、手のひらサイズ、例えば月経用ナプキンのような状態

にして、軽く押す方法です。強く拭けば、尿道口に付着した尿がきれいに取れるというわけではありません。

男の子の場合

男性の場合、一般的に「拭く」ことはあまり必要ないと思いますが、3つのポイントを教えてあげるとよいと思います。

まず、おしっこをしたあと、先端に尿が付いていますので、おしっこのしずくを取る、切る、ということ。おしっこのしずくは取らなくても、パンツで拭うことはできますが、パンツを汚さないという意味でも大切なことではないかと思います。

そして、切るためにはしっかりとペニスを手で持つということです。

最後に、おしっこのしずくは、どうしても垂れたり、散ったりするものですので、便器のそとにこぼしたときは、ちゃんと自分で拭いてきれいにしておくことを教えて、実際にできるようにしましょう。

からだの仕組みとして、おしっこは鉄砲のようにペニスの中で水流が螺旋を描きながらまっすぐ、遠くへ飛ぶようになっています。トイレで流した水も壁に飛び散っているそうなのですが、おしっこも自分ではわからなくても、トイレの壁にはかなり撥ねて飛び散っていることが実験でわかっています。ですから、清潔に保つための一種の公衆エチケットとして、他の人も使うのだから、汚したら拭くということを伝えておく必要があります。一般的スローガンとして「トイレはきれいに使おうね」と伝えるだけでなく、より具体的な形で「こうやってきれいにしているよ」とか、「こうすれば、他の人が使うときもきれいだね」というようなやり取りをしていくことが必要なのではないかと思います。

洋式トイレの家庭が増え、おとなも子どもも男性は、おしっこを立ってするのではなく、「座ってしなさい」と言われている家庭も少なくないようです。

便器以外にこぼすからです。子どものペニスの状態にもよりますけれども、洋式の場合は「持つ」というより「押し下げる」など丁寧な教え方をした方がいいのではないかなと思います。押し下げないとそのまま前にピピッと撥ねてしまいます。

　自らの排泄器をきちんと使えるようにする、そして自分の排泄という行為について関心を持つためにも、場面に合わせた丁寧な働きかけが必要です。

😊 本人が納得して身につけていく

　トイレというのは、年齢が上がれば上がるほど個室化していき、プライベートな空間として尊重されるようになっていきます。乳児の時は、お父さんお母さんが性器や排泄器を拭いてきれいにしてあげるということになるので、プライバシーを親子で共有しているような状況です。それがだんだんと自分ができるようになっていくので、プライベートな空間として尊重するという配慮が、具体的な関わりとして必要になっていきます。

　以前、児童養護施設で働いていた時に、小学校低学年の子どもが、和式の便器で、正面を向いて大便するところ、逆の方を向いてしていたことがありました。ある程度の年齢になると、もう完全な個室になってしまうので、早い時期に教えてあげなければいけなかったということを、私たちも反省も含めてずいぶん考えた経験があります。

　「こうしなさい」という教え方ではなく、本人が納得して、主体的に行動できるようにすることが大切です。そして、あなたのからだはあなたがきちんと大切にしていく、というメッセージを繰り返し伝えてあげることが必要です。その際、教えることが「なるほど」と子どもにとっても合理的な内容であることを理解し、納得していくプロセスが大切なのです。とくに幼児や小学校の低学年では、トイレの使い方、おしっこの拭き方など、「あっ！こうやった方がトイレも汚さずにちゃんとできるし、うんこもできる」ということが

わかり、そのことが身についていく。絵本などで具体的な場面を見せながら、繰り返し教えたり一緒に話したりしていくことも効果的ではないかと思っています。

😊 大切な自分としての性器の捉え方

性器（排泄器）について、「汚いところを触っちゃダメ」「触るんだったらきれいな手で」という言い方は、自分のからだの大切な器官である性器に触ることをこのような声かけがされれば、マイナスイメージや偏見を持って捉えられてしまいます。自分のからだへの偏見を持たせないようにするというのはとても大事なことです。目や頭や耳と同じように、性器も自分のからだであり、どんな役割を果たしているかを知りたいと思う知的刺激を伝えたいものです。

『改訂版 国際セクシュアリティ教育ガイダンス』翻訳、明石書店、128頁）では、「性と生殖にかかわる器官も含め、自分のからだを知りたいと思うことはまったく自然なことであると認識する（態度）」（6.1性と生殖の解剖学と生理学、学習目標（5～8歳）の「学習者ができるようになること」）が明記されています。

性の問題は、お母さんやお父さん、そして保育者も勉強しながら子どもに伝えてあげる、自分も勉強してこなかったところを改めて勉強する、そういう意味で一緒に学ぶという要素を持っているといえるのではないでしょうか。

「改訂版 国際セクシュアリティ教育ガイダンス」で言われているのは、「知識」と同時に「態度」と「スキル」をきちんと学ぶことの必要性を大切な観点としています。①名称と機能などの知識、②拭き方のスキル、③さまざまな場面でどういう態度をとるのか、この3つのポイントを踏まえて、子どもとの会話を楽しみながらどう伝えられるかを考えてみたいですね。

Q5 排泄行為、着替えにおけるプライバシーをどこまで確保すべきでしょうか

😊 プライベートな空間を尊重する

　自分でできるようになることが多くなることによって、範囲を拡大していく、子どものプライバシーを広げていくとともにさらに尊重していくという観点が大事です。子どもができない時はやってあげる、できるようになればそこには立ち入らない。プライバシーの尊重のあり方について、おとなの関わり方のバージョンアップが求められています。

　日本国憲法第13条は、「すべて国民は、個人として尊重される」と定めています。「個人として尊重される」とは、具体的には多様な生き方や考え方をする個々の人間の存在をありのままに認めて、その多様な存在のまま尊重されなければならないと主張しているのです。それは戦争をしたことの真摯な反省のうえに国家が国民に対して、一人ひとりのしあわせを無視して、強権的で一方的な価値観や考え方、文化を強制しないという国の約束でもあるのです。

　「個人の尊厳」を貫く骨格について考えると、1つはプライバシーがきちんと守られていることです。秘密にしたいことが秘密として保たれていること、知られたくないことが知られずに守られているという、基本的なことが保障されていることです。2つめにアイデンティティ、つまり国や他者の視線からではなく、自分が納得し受け容れている"自分らしさ"が保全されるということ。ですから、アイデンティティや自分らしさというのは、プライバシーが保障されていないところでは、なかなかはぐくまれないという関係でもあります。3つめは自己決定の権利が最大限に尊重されていることがあげられます。排泄時とか水着の着替えの問題というのは、そういった個人の尊厳をどういうふうに子どもたちが自覚をするのか、そして私たち自身がどう考えていくかという大事な課題なのではないかと思います。

😊 トイレのプライバシー

　さて、トイレのプライバシーに関しては、【4つの段階】がありそれぞれに大切な関わりがあります。乳児の場合は保護者や保育者に行為をすべて委ねています。そして、ヨチヨチ歩きをするようになれば、手が使えるようになり、ある程度、自分でできることが増えてきます。これが【第1段階】です。この時期は、例えばうんこ（大便）を拭けないとか、おしっこ（小便）の拭き方についてわからないという段階なので、「やってあげるね」という言葉かけをします。これもいつもやってあげるのではなく、次は「自分でもできるかな？」と次の段階を意識しながら、今は「やってあげるね」という関わりが大切です。

　【第2段階】は、自分でできるかな？というチャレンジの段階です。この段階を大切にしてあげる必要があります。ここでいろいろ怒られたり、失敗を指摘されたりすると、自尊心が傷ついてしまいます。「お姉（兄）ちゃんはあなたぐらいのときにはできていたのにね？」「トイレが汚れるから、やらないで！」「まだ無理そうだから、お母さん（お父さん）がやってあげるね」などは、子どものやる気を奪ってしまうことになりやすいです。うまくいかなくっても、「今日はだいぶうまく拭けるようになったね。すごいね」と少しずつできていることをきちんと見てあげたいものです。また、虐待がよく起こるのは、このチャレンジの段階で、食事のトレーニングやトイレットトレーニングのところで起こることが結構多いのです。できている／できないという2つの見方ではなく、こういうこともできるようになったという少しずつの発達の視点で子どもを見守りたいものです。

　自分でちょっとやりたい、やってみるとか、私ができる、という段階のところで、やらせてみたけれど、結果的に失敗したり、汚したり、うまくいかないことも結構あります。その時期の関わりとしては、「ここまでできたね」とか、「もうちょっとこうすればできるようになるね」と、具体的にその子ど

もに適したチャレンジを促す言葉かけをして、教えてあげるといいですね。

　そういうことをある程度経験しながら、次第に「見ないで」とか「あっち行ってて」とか、「自分でできるから！」という段階がきます。これが【第3段階】です。そういう時期には、「自分でできるかな？」「見ててもいいかな」「近くにいていいかな」と本人の意思を確かめながら、「トイレの紙をどういうふうに切ればいいか」「どれくらい巻けばいいのか」など、できていないところを具体的に教えてあげることが必要です。

　トイレの紙をどれぐらい巻き取って拭くのかについては、個人差が大きくバラつきがあります。多ければ拭きやすいというわけでもないので、それぞれでやってみて、無駄な使い方をしないようにしましょう。一番拭きやすい枚数や重ね方はどのくらいなのか、おとなも一緒に勉強しながらやってみたらどうかと思います。

　保育者や保護者の関わり方によっては、「排泄というのは嫌だなあ」と思ってしまう子どももいます。うまくできないことも多いけれども、しっかり褒めてできることを増やしていく。排泄が嫌だということは、自分のからだ自体を肯定的に捉えられないことにつながっていく可能性がありますので注意が必要です。

　最後の【第4段階】では、「もう自分でできるね」という言葉かけをして、子どもの方も「自分でする」と言えるような状況です。すなわち、子どもの意思を確認して見えないところに行く、ドアを閉めるという対応です。このよう

にきれいに1〜4の段階になるわけではないですし、「自分でする」といいつつも、「うまくうんこを拭けたかな」「おしっこ拭けたかな」と時々はやりとりして、聞いてあげることも大切です。もう小学校の段階に入ると、女の子も男の子もほとんど個室に入って教えてあげる機会がなくなりますのでね。

☺ 水着の着替えの問題

　水着の着替えの問題として、1つめに、海やプールに行った際などに、幼児や小学校低学年の子どもは、一緒に着替えてもまだ恥ずかしいとか何にも思っていないのだからいいんじゃないという意見が多いことです。しかし、本当にそれでいいのだろうかと問題提起して、何年もかけて検討した結果、分けるという実践をしたところもあります。実際には幼児や小学生低学年であっても、分けて着替えをしたことで、恥ずかしくなくて安心して着替えができると子どもたちはいいます。他者を意識するようになることは、自分のプライバシーに目覚める頃でもあるのです。分けることで、プライバシーを意識し、環境の安心・安全・自由を大事にすることをこの時期の子どもたちから保障していくことが大切なのではないでしょうか。

　子ども自身がどう思っているのかを丁寧に聞いたり、反応を見たりしたほうがいいのではないかと思っています。多分、男の子も女の子も、幼児の段階でいえば、あまり気にしていない子どももいるのですが、それでもよく聞いてみると、一緒に着替えるのは嫌だなあと思っている子も少なくないのです。ですから、そういう子どもの反応を大切にしながら、一定の年齢でどうするかを考えないといけないと思っています。こういう課題に対してセンシティブ（慎重に考えて対応すべき）であることがおとなたちに求められています。

　2つめは保育園や幼稚園の文化、あるいは学童保育の文化として、幼児期、学童期のプライバシーをどう守っていくか、どう子どもに伝えていくかとい

う方針について、議論をしてみてはどうでしょうか。すべてを公共空間にはせず、着替え、お風呂、排泄など、プライバシーを守るべきところについては空間的に区別する、その上で子どもたちの反応を見ながら考えていくということが必要なのではないかと思います。

　性的な発達段階からすると、2歳半から3歳ぐらいで、性器の違いやトイレの使用方法の違いなどから性別を認識するようになります。自分の性を理解する過程の中で、男の子なんだから強くなくちゃいけないとか、自分のからだを威張って見せるとか、ジェンダー（社会的文化的な性差）のバイアス（偏見）が入ってくるということがあります。言葉を覚えていくプロセスは、ジェンダーが言葉を通して入ってくるという側面があることにも着目しておきたいですね。それと同時に、他の人には見られたくないとか、一緒に着替えたくないというようなプライバシーの意識や「からだの権利」を感じはじめる時期となります。このぐらいの年齢からは、かなり意識して取り組んだ方がいいのではないかと思います。「子どもなんだから、そんなことは意識してないよ」と、おとなの視線で決めつけないで、本当の意味での"子ども扱い"＝子どもには子どもの人権があり、子どもの感じ方があることを見落とさないようにしたいですね。

　3つめの問題として、保育や教育の実践課題として、なぜ着替えなどを一緒にするかという問題です。子どもの発達段階からして、文化と言うだけではなく、具体的に教えたり、指導したりするということを考えなければいけません。ある程度分けるということは、反対に勝手に覗いてはいけないということも教える必要があります。人には覗かれたくない、見られたくないということがあるから分けているということも含めて教えることになるわけです。そういう点では、着替えの問題を教育や保育実践の課題としてどう捉えるかということにもなっていくのではないかと思います。

　むしろおとなが意識しない隠れた問題としては、2部屋に分ける環境条件が

ない場合が実は大きいこともあるのです。2つの部屋で着替えをする、あるいは時間差で着替えるという工夫を、あなたはしようと思いますでしょうか。

そして4つめとしては基本的には男女をどの段階で分けるのかということです。私としては3歳の段階ぐらいから、ある程度分けていくということを意識してもよいのではないかと思います。3歳児はもう明らかに自分の性別について、自覚しています。

5つめとしては、この時期の子どもに一緒は嫌だという子が少数はいるということを、職員の方も、保護者の方も意識をするという感覚が大事なのではないかということです。発達段階の理解と、プライバシーの形成という観点から、男女一緒は嫌だという子どもの気持ちを受け止めて、その子の気持ちをどう把握し尊重していくか、指導方針や教育方針として、あるいは園の文化としても問われていることだと思います。子ども同士仲良くするために、裸で一緒にお風呂に入ったり、着替えも一緒であったりというような大雑把な認識ではいけないということを強調しておきたいと思います。

こうした問題に、センシティブであることは、性教育をすすめていくうえでも、ジェンダー平等の保育運動、職場づくりをすすめていくうえでも大事な感覚ではないでしょうか。

あえて補足的にいっておきますが、着替えの男女混合か分離かという問題だけでなく、子どものプライバシーの尊重という観点からいえば、基本的に個室での着替えが保障されることで問題は"解決"できます。女の子同士、男の子同士もいやだなと思う子どもがいることをみる必要があるのではないでしょうか。

幼児期、特に学童期、小学校低学年で自らの性別・性自認に違和感やゆらぎを覚えている子どももいるかもしれないという観点も大切に考えておきたいものです。

この点は、着替えだけでなく、トイレにおいても大切にしたい視点です。

Q6 信頼される男性保育者像をつくるために園としてできることはなんでしょうか

😊 みんなの目が行き届くことの大切さ

　男性保育士に自分の子どもが排泄ケアされるのを嫌がったり、不安を抱いたりする保護者も少なからずいます。そういう気持ちを真摯に受け止めつつも、基本的には保護者会できちんと、排泄ケアの方法は男性保育者も何も変わりはないこと、園の方針で大切に配慮していることを具体的に示して伝えていく努力をしましょう。

　一つの提案ですが、素朴な疑問の声があれば、保護者会の際に男性保育者に対する「質問コーナー」のような時間をつくり、サクラ的にあえて声を上げてもらうことも必要かもしれません。ジェンダーバイアスのせいかもしれませんが、逆になぜ女性が男の子の排泄ケアしているのは何も思わないのでしょう。女性が性的虐待をする事件も実際にあります。それは女の子にも男の子にもおこなう可能性がありますし、実際に起こっています。しかし、統計的には、男性による性的な虐待行為が多いことも事実です。

　保護者の心配する意見を大切に受け止めて、「排泄ケアについてはこういう方法でおこなっています」「男性保育士もこういうことを注意してやっています」ということを、丁寧に話して理解を得ていくプロセスが大切です。

　例えば、①乳児であっても、性器や排泄器などのプライベートパーツを清拭するときなどは、園舎内の公共空間で他の子とも一緒にケアしていること（他児には見えないように配慮して）、②職員同士が声をかけあいながら行っていること、共通の空間でケアすることを徹底していると伝えましょう。③プライベート空間では、衣服を脱いだ状態では接触しないことにしているなどの留意事項を説明しておく必要があります。

　できれば、子どもたちには「性被害防止」のとりくみをしていて、嫌なこ

とをされたら、「いや！」「触らないで」といえることを繰り返し教えている
こと、そしてほかの保育者とも共有している、園で確認している留意事項の
具体的内容を伝えられればいいですね。

　さらに具体的に男性と女性による排泄ケアなどは基本的に違わないという
ことをベースに伝えてあげればよいと思います。

　こういう時には、一方的に説明して終わり、ということになりやすいので、
必ず質問の時間を設けることにしましょう。その場での応答となると、臨機
応変に対話しなければならないので難しいことではありますが、自分が話し
たら、相手が何か思っていることを聞きだし、それに答えるという、応答と
対話のプロセスを積み重ねていくことが大事ではないかと思います。

　男性も女性も排泄の基本的な対応は変わらない、それから共通の空間でケ
アすることを徹底していると伝えましょう。実は、保育者と子どものマンツー
マンの2人だけの関係と空間は、子どもたちにとっては保育者を独占できる
喜びでもあるのです。男性保育者に対する視線がきついとすれば、保育の方
針の具体的な留意点を説明し、専門職による子どもへの性加害を絶対に防ぐ
ための実践上、運営上の工夫をしていることを丁寧に伝えるように意識した
方がいいでしょう。

　もし個別に対応しなければいけないことがあるとすれば、限定した内容を
明示しておいた方がいいでしょう。例えば、うんこやおしっこを拭く際に、
こうやったらいいよと教えてあげることは、プライバシーの問題に関わりま
すので、個別でやらなくてはいけないことを、保育園では明確にしておいた
方がいいのではないかと思います。

　補足的にいっておきますと、男性保育者への保護者の視線は、①子育ては
女性の本来的な役割というジェンダー意識の刷り込み、②性的虐待者の男性
比率の多さという一般的認識、③女性の方が細やかなケアをしてくれて、男
性は大雑把で荒っぽいといった性別の特徴的な認識があるということもある

でしょう。そういう認識を保護者が持っていることも多いことを受け止めながら、少しずつ刷り込まれた認識に働きかけることを意識しておきたいものです。これからの家庭における子育てはジェンダーの平等の視点とその実践化が大切であることを伝えておきたいものです。

😊 小児性愛者問題にどう対応するか

　小児性愛、ペドフィリアという病があります。ペドフィリア(paedophilia)とは、一般的に「小児性愛」という言い方をされます。ペドフィリアの性向を持つ人をペドファイル（paedophile）、小児性愛者といい、主に幼児・小児（一般に13歳以下）を対象とした性愛・性的嗜好を意味する精神医学用語です。WHOの国際疾患分類改定第10版であるICD-10（2013年版）やアメリカ精神医学会（APA）の診断・統計マニュアルDSM-IV-TR（2000年版）では、「小児、

通常は思春期以前あるいは思春期早期の年齢の小児への性的愛好で、ある者はただ少女だけに引きつけられるが、またある者は少年にだけ、またある者は両性に興味をもつ」とされています。

　小児性愛者の特徴のひとつとして、子どもとの性行為をしたいという強い欲求があります。ですので、自らの強制性交等罪について、被害児童の状況について自らが認識している現実や感じていることにゆがみを生じることが多いのです。たとえば、恐怖に怯えている表情を見て、「かわいい」「愛おしい」と認知することもあります。これを"認知のゆがみ"と言われます（斉藤章佳『「小児性愛」という病－それは、愛ではない』ブックマン社、2019年、18 〜 19頁）。

　アメリカには性的虐待小児性愛者のグループが存在しています。こうした行為は"純愛である""権利でもある"と主張している団体です。子どもも合意の上でセックスをするのであれば、認めるべきではないか、子どもに性的関心がある人の行動と存在を認めるべきではないかという運動もあります。しかし、子どもの性交同意年齢（性行為の同意能力があるとみなされる年齢）を下回るため（各国や地域で異なる）、人権侵害だということで共通認識にあります。しかし、アメリカ、ヨーロッパの人が、東南アジアなどに行って子どもを買い、人身売買が未だに行われている事実や、そういう目的で養子縁組などを行ったという問題も起きています。

　このような小児性愛者であるかどうかは、学校・保育所・幼稚園などの就職の入口ではわかりません。でも明らかに子どもを性的な対象として狙って、教員や保育士になる、学童保育の職に就くという動機は日々の行動で発見できないことはありません。

　あえていえば、子どもをセクシュアルな意味で好きになる、性的対象としてみることは内心の自由としては否定できませんが、具体的な行動に移せば、それは性的虐待になります。不必要な接触を避けて、性的虐待につながる、

あるいは性的な接触をすることへ誘導するきっかけを作らないことです。専門職の職業倫理で性的虐待は絶対に認められない行為です。イギリスの児童養護施設では性的虐待が施設の中で頻繁に起きた時、6歳以上の子どもを膝に抱いてはいけない、などルールを作った時期があります。つまり6歳の時点ではなかなか拒否できないからです。

　日本の保育や子育ての分野で、用語の問題としてあるのは「スキンシップ」（正式な英語ではなく、和製英語）という言葉です。もちろん、手を握って一緒に歩いたり、抱いたりすることは、安心感を得るために大事なことだと思いますが、専門職であるならば、べったりとくっつくようなことを強要したり、パンツをちゃんと穿いてきたか？などという不必要な身体への接触や不明な言葉かけは園内で情報共有して避けるべきです。

　子どもを励ますためには、どういう触り方がよいのでしょうか。スウェーデンでは明確に「マイルドスパンキング」（たとえば、元気してるって、バンと肩をたたくなど）も必要ないとされていて、本当に肩にバンとたたく必要があるのか、止めましょうという線引きがあります。肩などに手を添えて「がんばっているね」と言えればいいし、表情や励ます言葉を言ってあげることで愛着や気持ち・メッセージは十分伝えられるはずだということです。

　同時にもう一方で、幼児期とか小学校の段階でも、子どもたちに対して、性被害防止のために必要な情報を繰り返し伝えておくということが大切です。嫌だと思うことをされたら、その人以外のおとなに話すということなどを繰り返し教えることが必要です。

　よく「変なおじさんについて行っちゃダメよ！」みたいなことを伝えて送り出すことがあります。しかし、実際には、「おじさん」だけではなく女性である場合もよくありますし、また、背広を着た若い人という現実もよくあるケースです。そういう点で言えば子どもたちも見た目で判断するのは難しいと思います。具体的には、何にも知らない関係のない人が身体を触ってきた

り、「家に来たらDVD『ドラえもん』や『ドラゴンボール』が観られるよ」と言ったりしてどこかへ連れ込むといった事例があります。その他にも、「お母さんが交通事故で今入院したばかりだから、車に乗りなさい。連れて行ってあげるから」「(公園で)迷子の犬を探しているので一緒に探してくれる？」など、具体的にこうやって声をかけてくるんだよということを教えてあげることは、性被害に対する意識や対応力がバージョンアップしていくことにつながります。

Q7 保育者の胸や性器を触ってくる子どもがいます（幼児期、学童期ともに）

☺ 特定の子どもの問題として受け止める

　幼児の場合は、セクシュアルな意味で触ることは少ないのですが、学童保育の場合は、セクシュアルな意味をかなり意識して胸を触ったり、お尻を触ったり、股間を触ったりといったことで、指導員が被害に遭っていることも少なくありません。

　そもそもなぜ触ってしまう子どもがいるのでしょうか。いろいろな理由が考えられますが、親・保護者に甘えられない家庭環境であったり、自分に関心を持ってもらいたいと思っている子が触ったりする例が少なくありません。家庭で大切にされていないため、淋しさを感じて、「どうして自分は生まれてきたのか」などの質問をすることがあります。あるいは、自分の存在感をアピールするために、先生が嫌がっていることを俺はできるんだぜ！みたいな行動をする子もいます。幼児の段階ではセクシュアルな意味を持つことはそれほど多くありません。

　それからもう一つは、人との関わり方をあまり体得していない子がいます。つまり、「キャー！」と言われることで自分が認められていると思ってしまったりするのです。

　毅然とした態度で「人が嫌がることはやめようね」と言うことが大切です。しかし、同時に、一緒に遊んでもらいたい、受け入れてもらいたい、という時にしっかりと話を傍で聞いてあげたり、話をゆっくりとしたり、絵本を一緒に読んであげたりするとよいでしょう。

　絵本の中には、そういう（人の嫌がるような）ことはやめて！という学びの絵本があります。子どもが感じている背景も含めて、保育士も一緒に読んで勉強する。あるいは、ヒトの誕生について科学的に学ぶこともできます。

自分は何で生まれてきたのだろう、お母さんから生まれてきたのにお父さんに似ている部分がある、何でだろうね、と語りあうことができたら、楽しいですね。子どもからの質問や問いかけには何らかの意味があって、性を語るチャンスでもあり、おとなが試される場面でもあります。

☺ 人の大切なところを触ってはいけません

日本では、ほんの少し前まで、職場で被害に遭ってもなかなか声を上げられない企業文化の現実がありました。現在も沈黙を強いられる現実のほうが圧倒的に多いのです。セクハラであることを曖昧にして、お尻をすれちがいざまに触ってキャーと言われても、"職場の潤滑油"だからいいんだみたいな、勝手な解釈がありました。

基本的には保育者やおとなが嫌だと思うことをされたら、子どもであろうと誰であろうと、ちゃんと嫌だということを、毅然とした態度で明確に伝えることです。子どもに対しても嫌なことをされたら嫌だということを、人間として子どもに伝えなくてはいけません。その際に、きちんと怒りや悲しみを込めて伝えましょう。言葉だけではなく、感情も込めてどんなふうに嫌なのかということを言って欲しいと思います。

「毅然」ということの意味は、大きな声を上げるということではなく、表情に悲しみや怒りを込めて嫌だと伝えること、そしてもう一つ、ダメなことはダメだということを、繰り返し、妥協せずに言い続ける「毅然さ」も含まれていると思います。もし、そういった行為が許されている男の子がいるとすれば、保育者だけでなく、他の女の子にもしている可能性がありますので、どんどんエスカレートしてしまう可能性も秘めています。

その子どもを担当している保育者だから、ケアをしている指導員だからと配慮をする必要はないと思います。もちろんなぜそういうふうに触るのかということの心の内を理解することは大切ですが、子どもの気持ちを受け入れ

るために、そういった行動も受け止めなくてはいけないと考える必要は100パーセントありません。子どもにとっても勉強だと思います。おとながいろいろなところに触れても許してくれると学ぶのではなく、おとなの保育者、先生に対してもプライベートゾーン（からだのどこでも）に対して触れてはいけないということを、きちんと子どもたちに教えてあげるべきです。

　同時に自分のからだ全体もプライベートゾーンなので、他の人には見せない所（下着をつけているところ）は触られないようにする。もし触られたらきちんと相手に嫌だと伝えたり、そのことをおとなに知らせてもらうようにしましょう。

　子どもの様子や態度を保護者に伝えるべきかという議論もあると思います。注意しても直らないのであれば、親にも伝える必要があります。人の嫌がることをしていることに対して、親の方からも注意してもらい、一緒に解決していくことが必要です。共同子育てのスタンスで、保護者と保育者・学童保育指導員が協力していくことを大切にしていきたいものです。

　専門職のいる職場で、暴力の文化を蔓延（はびこ）らせてはいけないと思います。暴力のある職場ではよい仕事はできず、専門職としての前提条件が崩れると思います。マニュアルでできる範囲であればマニュアルに沿って行うことは当然ですが、専門職には、勉強しながら経験を積み、それぞれの局面で即座に判断する力も含まれていると思います。

　性教育の国際的なスタンダード（標準）としての、性教育実践と運営のガイダンス（案内、手引）であり、世界のどの国の子どもたちにとっても必要な学びの内容が網羅されている、ユネスコの『改訂版 国際セクシュアリティ教育ガイダンス』には、「暴力と安全の確保」という項目があります。ＤＶ、子ども同士の暴力、いじめなども含めて、絶対に許されない行為であることが明確に書かれています。ぜひ参考にしてみてください。

Q8 女の子は "あっち行け〜!" ―ジェンダーによる男女分離を考える―

　3歳になる頃には、男の子は女の子とのちがいを強調することをよく見かけます。「女の子はあっち行け〜!」は、これは男だけのあそびだから、女の子は入れないというジェンダー意識がはっきりと芽生えていることがわかります。親や保育者が「女の子だから・男の子だから〜しなさい、〜しちゃダメ!」などと直接言わなくても、毎日見ているテレビや絵本などから、「女の子はこうで、男の子はこうだよ」という情報をシャワーのように浴びていることがあります。自分づくりのはじめの段階から、子どもたちは男女のステレオタイプ化されたジェンダー情報を浴びて育っています。

　基本的に乳児の段階で、ジェンダー意識がはっきりとしているわけではありません。しかし肌着のブルーとピンクという色にみられるように、人生のきわめて初期の段階でジェンダーの刷り込みが親・保護者から行われていることも事実です。その何千回、何万回と日常生活で何気なく繰り返されるジェンダーシャワーが子どものなかに堆積し人格に組み込まれていくのです。

☺ 幼児期の性的発達の特徴

　幼児後期(3〜6歳)は「ボクがやる!」「わたしのもの」といった自己意識を前面にだし、母親・保育者の指示や言葉かけに対して、自分の意志や考えを主張する"反抗"によって幕を開けます。またこの時期は親・保育者との関係を通して、人間性を形成していき、善悪の判断や秩序や規則などの価値観を獲得していきます。

　2歳半〜3歳の時点で、ほとんどの子どもたちが自分の性別がわかるようになります。この時期の発達が自他の区別ができるようになると、①性器のちがいやトイレの使用方法のちがいを経験的に身につけることで、自分の性別を認識していきます。でも最近のトイレ使用法の調査では、4割の男性が便器

に座ってするようですが……。②徐々に固定化されたジェンダーを受け入れていくようになり、③3歳児クラスになるにつれてジェンダーの刷り込みが固定的になっていくプロセスが明らかになったことが報告されています。

性別認識過程におけるジェンダーには、トイレの使い方のちがいのように生物学的な性差からくる合理性をもったもの（男の子が立ち小便をするなど）、すなわち「性が文化を規定するもの」と、はじめから固定的な見方が性に影響するというように「文化が性を規定するもの」があるといえます。よく性別認識の形成過程にある子どもには、ある程度固定化された区別が必要ではないかといわれることがありますが、区別のための手がかりは必要ですが、それは前者によって十分に可能であるということができます（金田利子・清水絵美「2・3歳児の性別認識」柏木恵子・高橋恵子編『心理学とジェンダー』有斐閣、2003年）。その点で、文化のなかのつくられた男性像・女性像をはじめから子どもたちに押しつけることはさけたいものです。

少し古い調査ですが、その後の調査でこの設問がなくなっているので紹介しておきますと、東京都幼稚園・小・中・高・心障性教育研究会『児童・生徒の性—東京都幼・小・中・高・心障学級・養護学校の性意識・性行動に関する調査報告（2002年調査）』（学校図書、2002年）によれば、「異性と遊ぶこと」は「楽しい」と答える割合は、小学1年生男子50.9％、女子64.9％、小3男子38.9％、女子56.8％となっており、女子はそれほど落ち込むことはないのですが、男子は4年で26.4％、5年で14.9％と確実に下がっていきます。これはどうしてでしょうか。男の強さ・優位性を誇示することで、男子が女子との差異を強調するようになっていきます。女の子と遊んでいては、男の子集団のなかで自らの存在位置を確保できないとでも言ったほうがいいかもしれません。

😊 こんな対応もあるかな？

さらに男女の性別に自らを自己分類することで、性別に応じた世界を作り

上げ、それに応じた行動をするようになります。「男の子なんだから、～を
やるんだ！（やってみたい！）」「女の子だから、～しちゃだめなんだ！」と
いうように、性別の行動パターンにあわせて他者に行動を強いるようになり
ます。そうして子どもは5歳から6歳までの間に性役割意識を強烈に身につ
けて、成人に近い性役割の概念や好みを持つようになっていきます。

　「女の子はあっち行け～！」には、男の子としての同性のつながりをどうつ
くるのかも経験し学ぶことが必要ですが、みんなで一緒に遊ぶ楽しさを伝え
たいものです。女の子にイジワルをすることもよくみられます。強さとちが
いを見せつけるための行動であることがよくあります。そこでの対応を考え
てみますと、

①女の子も一緒に楽しくできることをみんなでやろうというメッセージを
　伝え、輪の中に入れたいものです。そのための仲よくできるあそびのルー
　ルづくりを考えてみてもいいでしょう。あそびやスポーツを混合グルー
　プでとりくむことで協力することや弱い子を守ってあげる"作戦"なども
　工夫できるルールをつくってみることがあってもいいですね。でも負け
　れば、ふてくされたりするかもしれませんが……。勝ち負けだけではな
　く、楽しさを味わえるあそびやスポーツを工夫して、体験させていくこ
　とを準備したいものです。

②女の子のあそびも一緒にやってみると、案外と楽しいことをもっと体験
　してみることがあってもいいですね。お店屋さんごっこや家庭のままご

とでは、ウェイトレス役や母親役をやってみて、ケアする立場に立って
みるのもいいでしょう。そんなとき、「○○ちゃん、エプロンが似合う
ねえ」「とってもおいしそうにつくってるね」「赤ちゃんにやさしくでき
るのねえ」など、柔軟に役割を交換しながら、いろいろな役割の大切さ
を体得することは男女分断を乗りこえる近道でもあります。

③年齢別の関係で、小さい子に優しくしてあげていれば、その行為や態
　度に着目して評価してあげることもいいかもしれません。要は、男は
　こんな役割や態度をとるべきだと考えはじめている子どもたちに、い
　ろいろな役割や行動にチャレンジしてみることが大切な時期であるの
　です。

お母さんが子どもの寝る前に「お父さんが重い荷物を運んでくれた時は、
とってもうれしかったな」ということなどを具体的に話してあげてもいいで
しょう。またお父さんが料理や洗濯をやっている姿を具体的に示すこともあ
るでしょうし、できれば、お父さんと一緒に料理作りをやってみることがで
きればいいですね。その料理をみんなが「おいしいね！」と言って食べれば、
作った子どもがニコニコ顔になること請けあいです。

添い寝のときにでも、「○○ちゃんは、どうして女の子とあそぶのいやな
のかなあ？」と個別に話してみてもいいでしょう。また男の子のなかでお互
いが牽制する関係もありますので、男の子グループにどんなアプローチをす
るのかも考えてみたいものです。

ここで紹介したような性別分化の感覚は、とくに男の子の場合、年齢が増
すにつれて攻撃性をともなう行動をとりやすい現実があります。今回のテー
マは、人生はじめの段階での、共生の文化と関係づくりの課題であるといえ
ます。子どもに注がれるジェンダーへの対抗モデルとして、親・パートナー
関係のなかで、"優しさ"を伝えていくことを、ちょっと意識してみてはどう
でしょう。

Q9 "オカマ" ってなんなの?
―同性愛への偏見の刷り込みに抗して―

　ある保育園で、男の子に対して、何人かの子どもが"オカマ！ オカマ！"とはやし立てている場面がありました。その子は"黙って知らないふり"をしながら遊んでいました。どんなきっかけから、そのことばを使ったのかわかりませんが、明らかに一方的ないじめになっているのです。その時、あなただったら、どんな声かけをしますか？

　最近ではずいぶんと改善されてきましたが、それでもテレビでは、性的マイノリティに対して、笑いの対象にする場面が流されていて、おとなたちの感覚もマヒしていることもあるのではないでしょうか。幼児期にすでに性的マイノリティを嘲笑する情報が刷り込まれていることが少なくない現実があります。

😊 人間の性はいろいろなのです！

　まずは多様なセクシュアリティについて整理しておきましょう。人間の性（セクシュアリティ）には、①セックス（生物学的な性≒性器・身体の性別）、②性自認（自己の性を受け容れる度合い）、③性表現、④性的指向（セクシュアル・オリエンテーション）の4つの視点から捉えることができます。

　①セックス（sex）は、性器には男女の2つの類型しかないのは当たり前でしょ！と思われているかもしれませんが、実はそうではないのです。女性・男性器の2つ以外に、インターセックス（「中間的な性」を表現する用語）などの多様なバリエーションがあります。

　　性教育や教室のなかでの公式のカリキュラムでは、両性の平等を語っているのですが、日常生活レベルでは依然として性別役割分業を前提にしたコミュニケーションが残っています。キャンプなどで「男の子は元気よく外でマキを集めてきて！女の子は協力して食事の支度をして！」

など「隠れたカリキュラム」(hidden curriculum)が子どもたちの性意識をつくっていくのです。

②性自認 (gender identity)は、自らの性をどう受け容れているかという問題です。自らの性をこれでいいと思えるのか、いやだなあと思っているのかです。これはいわば人間にとっての"自信"のひとつの柱でもあるのです。

③性表現 (sexual expression)とは、自分の性をどのように表現するかということです。それはその人の言葉づかい、身振り・ふるまい、服装などで表現されます。

④性的指向 (sexual orientation)は、自らの性愛の対象が異性に向いている場合を異性愛者といい、同性に向いている場合を同性愛者と呼び、両性に向いている場合を両性愛者 (バイセクシュアル)といっているのです。さらに性的指向がどこにも向かない人を「Aセクシュアル」といいます。さらにパンセクシュアル (全性愛)という好きになることにセクシュアリティを条件としない、関係ないという考えを持つ人もいます。この性的指向は性的偏見・差別の対象になってきました。とくに同性愛をめぐる知識・態度・スキルは、その人の人権感覚をはかるリトマス試験紙といってもいいでしょう。

4つの視点から人間の性を考えてみても実に多様でいろいろなのです。小さな時期から何をしてはいけないのか、ゆっくりとていねいに伝えていきたいものですね。そのためにはおとなの人権意識そのものを問うことが必要になるのです。

😊 幼児期にどう語ればいいのか

幼児期であっても、すでに性的マイノリティに対する偏見が刷り込まれつつあります。テレビでは「オカマ」の連発や笑いのネタになっていることが本当に多いのが実際です。

テレビでそんなことが話題になったときに、「あんなこと言われたらイヤだよね～」と、ちょっと話しておくだけでも刷り込み防止になるのではないでしょうか。もし保育園や小学校などで、「オカマ」などの言葉を使っていることがあれば、「オカマって、どういうことなのかなあ」と疑問を投げかけて、やり取りをしてもいいのではないでしょうか。

　男の子、女の子に対して「男が男を好きになる人がいても、ちっともヘンじゃないんだよ」「女の子が女の子を好きになることもあるんだよ」「みんなが女の人を好きになるとは決まっていないんだよ」と言っておいていいでしょう。大事なことは、マスコミ情報をそのまま無条件に受け入れてしまうことへの何らかの問題提起をすることです。社会のなかにある降り注ぐホモフォビア（同性愛嫌悪）シャワーを放置しないおとなのスタンスを持っておきたいものです。

　「○○ちゃんは、誰か好きな人いるかな？」「どこが好きなのかな？」「好きなところをいっぱい持っている人がいれば、女の子だけを好きになるんじゃなく、男の子を好きになることもあるんだよね」など、この問題についても幼児期の子どもを見下さずにちゃんと話しておいていいのではないでしょうか。わからないことがあっても「そうだなあ、いろいろな人がいてもいいんだな」と思うことが大切なのです。

😊 こんなポイントを大切に

　2008年4月にニューヨークの動物園での実話をもとにした邦訳絵本『タンタンタンゴはパパふたり』（ポット出版）が出版されています。ロイとシロのおすペンギンは、いつからかお互いに気に入りカップルに。いっしょに泳いでいっしょに巣づくりしていつもいっしょ。でも他のカップルは、ただ一緒にいるだけでなく、どうやら巣の中で何かをあたためていて、そのあたためたものがかえって赤ちゃんペンギンが誕生しているではありませんか。ロイ

とシロは、近くにあった卵の形をした石を拾ってきて、さっそく毎日毎日交替であたためはじめました。でも石のたまごはちっともかえりません。そんな様子を眺めていた飼育員が、他のペンギンカップルが育てられなかったたまごをそっとふたりの巣においてやります。そして2匹にしっかりあたためられた卵から、タンゴが生まれます。こんな物語を題材にいろいろなカップルがあるんだねと自然に語ることもできます。

「男のくせに！」「女の子なんだからね！」などの言葉はずいぶんと少なくなっているのかも知れませんが、男の強さや女性の"おしとやかさ"を強調し押しつけることばや言い回しなどに私たちが敏感でありたいものです。

幼児期の子どもたちに、性的マイノリティの人たちについての多くの知識はそれほど必要ではありません。ちがいがあっても、そのことが排除やいじめ・暴力の対象にしないことを伝えていくことが大切です。

そのためには、こんなポイントを大切にメッセージを送ってみてはどうでしょうか。

①男（女）が男（女）を好きになる人もいていいんだよ。だって好きになった人がその人にとっては大切な人なんだからね。

②カップルにもいろんなカップルがあって、大事なことは相手を大切にしていること。でも大切にするって、どうすることかな。

③人が嫌がることばは使わないようにしようという禁止のメッセージだけでなく、お互いが笑顔になれることばってどんなのがあるかな？と考えてみたいですね。あったかいことばを集めてみよう。

④いやなことばを言われたとき、使っている人をみたときはどうしたらいいのかな？

⑤いやな思いをしている子がいたら、どうしたらいいのかな？
子どもは本質的には優しさを持っている存在であることを信じてメッセージを送り続けましょう！

Q10 どうして○○ちゃんは足がわるいの？
―障がいをどう話すか―

「○○ちゃんは、いつも足がいたそうだけど、どうしてなの？」「○○ちゃんはちょっとからだがへんなんだよ」と言ってくる子どもはそう多くはなくて、実際には障がいがあることを感じ取りながらも、言葉にはしないでいます。おとなが障がいとともに生きている子どもについて語ることを避けていると子どもたちもしゃべらないほうがいいのかな、知らないふりをしたほうがいいのかなと感じてしまうこともあります。でも案外と子どもたちはさらっと受け容れて関係をつくっていく存在でもあるのです。具体的なそれぞれの違いをもった人間に関われるちからこそ共生能力の形成には求められているのではないでしょうか。

☺ 「障がい」ってなに？

1949年12月に施行された「身体障害者福祉法」で「障害者」や「障害」の用語が使われたことから「障害者」という新しい単語と、「障害」が用いられるようになりました。最近では、これらの語に関して、「害」の字を使わないで、「障碍者」「障碍」あるいは「障がい者」「障がい」と書くべきといったことが当事者運動などからも提起されています。とくに最近は、ひらがなを使った「障がい者」「障がい」あるいは「しょうがい」という書き方が広がりつつあり、行政や研究機関などの文書でも使われるようになっています。ここでは学術・専門・法律用語としての「障害」ではなく、「障がい」と書くことにします。

2014年2月に「障害者権利条約」が日本で発行しました。それを踏まえて、2016年4月に障害者差別解消法が一部を除き施行されました。権利条約は、日常生活や社会生活で受ける制約は社会との関係で生ずるので、この障壁をつくっている社会の側がこれを取り除く責務があるという考え方（障害の「社

会モデル」)に発想を転換しました。障害者差別を明確に禁止した法律が位置づけられてきたのです。

「障がい＝障害（Disability）」とは、自分らしく人間らしい生活が営めない状況を含めて「生きることの困難」のことをいいます。「障がい」にはさまざまなものがありますが、その障がいと発達状況に即したていねいな権利保障と援助がされることによって全面的で調和のとれた発達と人格形成への道を歩んでいくことになるのです。

子どもたちには、自分ができなかったときのタイヘンさを思い出しながら、そんなときの気持ちを話してみるのもいいでしょう。おとな・親が障がいをもって生きるということについて、「一人ひとりがちがっていることがあってこそ、いのちや人間の平等がある」ことを私自身の言葉で伝えたいものです。ちがいを認めるということは、そのちがいの実際に応じて、助けを求めたり、助けあったりがさりげなくできることをいうのです。さりげなくできるまでには、ドキドキしながら声をかけたり、手伝ったりする経験を積み重ねながらできるようになっていきます。幼児期はそのはじめての経験に素直にチャレンジできる時期なのです。大事なことは、逃げないで話をすることです。

😊 どのように子どもに伝えたらいいのかな？

「○○ちゃんは、どうしてみんなと一緒にあそべないの？」と聞かれたら、「○○ちゃんはね、外であそんでいてケガしたら、血がなかなか止まらない病気なの。だからいまはがまんしているんだよ。どんなあそびだったら、みんなであそべるか考えてみようか」ということもできるでしょう。知的な障がいがある子どもであったら、「○○ちゃんは、みんながすぐわかることであってもわからないことがあるのね。でもゆっくりと話してあげれば、わかるんだよ（わかることもあるんだよ）」「言うことをわかってもらえないこと

もあるけど、だんだんとわかってくれるようになっているからね」と伝えてもいいでしょう。

でも「○○ちゃんは、〜してあげたのに、いやがっていたんだよ」と、不服そうにいう子どももいます。幼児期、学童期の子どもであれば、そんな不満を感じることもあるでしょう。そのときこそ一人ひとりのちがいを認め合うタイヘンさを学んでいくのです。人間の関係にはすぐにうまくいかないことが多くあることを学んでいくこともありますね。キレないでいることのちから、これも幼児期からの人間関係で学んでいく課題となっているのです。

だいたいおとなが心配するよりも、接する機会が多くあれば、子どもたちなりのかかわり方やいたわり方を学んでいくものです。○○ちゃんへのかかわりのルールも自分たちでつくったり、子どもたちができることを計画することもあります。その際に留意しておきたいことは、子どもたちの動きに任せるだけでなく、気をつけてもらいたいこと、みんなの努力ですごくうれしかったことに注目して、みんなに言葉で返してあげることも必要なことです。

☺ 保育園や家庭でのとりくみ

保育園、幼稚園や学童保育で障がいとともに生きている子どもたちへのかかわりについて、どんなことを大切に、かかわりをつくっていったらいいのでしょうか。

「どんなあそびだったら、一緒にできるのかな（できると思う）？」「手助けしてあげたいことはなんなのかな？」「どんなことだったら、手伝ってあげられるかな？」と、関係のつくり方について働きかけることもできます。でもやってあげることだけでなく、一緒にできること、ギブアンドテイクの関係を見つけることに着目をしたいものです。

「○○ちゃん、ボク（ワタシ）にどんなこと（お手伝い）だったらできるかな？」といえるようになることができたらいいけど、近くで一緒にいて（見

ていて）あげるだけで、ちょっとした声かけで励まされることがあることを伝えられたらいいですね。

「障がい」を抱えている子どもがいることを伝え、それぞれの子どものことも保護者の了解を得ながら、必要に応じて子どもたちに話してあげることも大切です。どんなかかわり方、手助けをできるのかを幼児期から子どもたちに考えてもらいたいものです。障がいとともに生きている子どものヨカッタさがしをすることもおとなの視線で問われるところです。これまでできなかったことが一生懸命にやってできるようになったとき、「○○ちゃんがこんなことができるようになりました。すごいですね。ハクシュ〜」というだけでも、大きな励ましになりますし、喜びを共有するとりくみでもあると思います。

がんばった人をほめる言葉、あったか言葉、ヨカッタさがしの言葉、お礼の言葉などをもっともっと伝えて、また自分たちで見つけ出してレパートリーを増やしていくことが大事ではないでしょうか。でもがんばった子どもだけでなくても、"目立たない子ども"のフツーの行動に注目していく専門職の知恵が求められています。すべての子どもの発達を喜びあえる実践者のちからが試されているのです。「共生」という課題は、幼児期から具体的に教え伝え体験することが大切です。こうした実践と経験の土台のうえに、性的マイノリティの問題も受け止め考えるちからを育むことになっていくのではないでしょうか。

● 参考文献
・『人間発達と性を育む―障害児・者の性（新版人間と性の教育　第6巻）』" 人間と性 " 教育研究協議会編、大月書店、2006 年
・『障害児（者）のセクシュアリティを育む』" 人間と性 " 教育研究協議会障害児サークル編、大月書店、2001 年

Q11 保育のなかのいじめ問題をどう考える
―暴力にどう立ち向かうか―

　性教育は、性の平等と平和・共生を大切な柱として子どもたちに伝えていく実践でもあります。その意味では、暴力やいじめ、ともだちからの仲間はずれなどについても、性のお話のなかでしておきたいものです。幼児期におけるいじめをどう考えて、どのように子どもたちに伝えていくべきかを考えてみましょう。人生はじめの時期から、暴力やいじめを真正面から考えることを通して、ＤＶや虐待の加害者にならないちからを育むことも幼児期・学童期の性教育の課題でもあります。

😊 平和と非暴力を子育ての課題に

　国連決議「平和の文化に関する宣言」(1999年9月)では「教育や対話、協力を通して生命を尊重し、暴力を終わらせ、非暴力を促進し、実践すること」が掲げられ、2000年を「平和の文化国際年」とし、2001年～2010年を「世界の子どもたちのための平和と非暴力の文化国際10年」として掲げられていました。そうした国際的な課題に応えることが性教育にも求められているのです。

　「平和と非暴力の文化」とは、あらゆる生命を傷つけたり奪ったりしないために争いや対立を暴力によってではなく、対話によって解決していくといった考え方、行動の仕方、生き方、慣習のことです。「平和と非暴力の文化」の教育内容では、国連の定義に基づいた平和と非暴力の知識・スキル・価値観・態度・行動のあり方が問われることになります。

　いじめとは、相手の肉体的・心理的苦しみを与えることを目的として行われる暴力や無視（シカト）を含むいろいろな行為です。けんかは対等な関係のもとで結果はやってみないとわからないものですが、いじめは強いものから一方的に繰り広げられ、いじめる側といじめられる側の立場ははじめからはっきりとわかっている関係です。幼児期においても保育者には見えない

ところで隠されて行われる場合が多いのです。とくに幼児の場合は、必ずしも集団的で意図的でないことの方が多く、いじめているという気持ちは持っていないことも多いといえます。それだけに悪いことをしたという気持ちを持っていないことも多いのです。

　幼児期・学童期にみられるいじめには、活動的な子どもが消極的な子どもをいいなりにしている状況や、子どものコミュニケーション能力や関係形成能力の未発達によるおもちゃなどの取り合いやケンカなどは、発達の可能性を持っている行動であるといえます。いじめ、暴力、偏見などは、ほとんどが無意識で、悪いことをしているという自覚がないものです。そのことが重なっていじめが日常化し、構造化していくことになっているのです。

😊 幼児期にいじめ問題をどう語るか

　幼児期・学童期にみられるいじめにも、①男の子から女の子へ、②男の子から男の子へ、③女の子から女の子へ、④女の子から男の子へ、⑤集団から個人へなど、さまざまなタイプがあります。ただ中高生にみられるいじめに比べると、その陰湿さや暴力性、組織性においてまだ程度はひどくはありません。でもこの時期のいじめにおいても、暴力的な行為を実行すること、誰かにやらせること、それを傍観したりはやし立てたりすることによって認めていることのすべてがいじめであるということです。

　続けて特定の子どもを無視することも確実ないじめの方法です。ことばの問題も"死ね""くさい""うざい"など、いやなことばについても、言われた側

がどんなに悲しいか、つらい気持ちになってしまうのかを知らせていくことはおとなの責任です。

　そうしたことばを使わせないとりくみだけでなく、ともだちを大切にすることばを子ども同士で学びあう機会をつくることができるといいですね。

　男の子に対しては、こんな問いかけをしてはどうでしょうか。

①男の子が暴力やいじわるをするのは当たり前だと思っている？

②いやな言葉をほかの子に言うことは変だと思わない？

③女の子は男の子の言うことを聞かなくてはいけないと思っているのかな？

④女の子となかよくあそぶことは、男の子でははずかしいと思っている？

　女の子には、こんなことを聞いてみてはどうでしょうか。

①自分の意見をちゃんと言うのは女の子としてヘンと思っているのかな？

②男の子がいやなことをしても黙っている（がまんしている）？

③男の子にどんなことをされるといやなのかな？

④男の子がちょっとくらいいやなことをするのはしょうがないと思っている？

　こういう問いかけをすることで、いじめに対するおとなの姿勢を示していくことになるのです。いじめは許せない行為であることをさまざまな角度から問題提起したいものです。

☺ 暴力をなくすとりくみ

　おとなの側が男の子の暴力に関しては"ある程度はしょうがない""男の子は荒っぽいものだ"など、許容的であることが少なくないのが実際です。保育者の側からいうと、ひとつひとつ注意をしていると、注意をすることばっかりになるので、小さなことには目をつむってしまうこともよくあります。でも私たちおとなが暴力やいじめに対して感覚が鈍磨している現実こそが問

題なのです。

　暴力をなくすとりくみのポイントは、①いじめる側の暴力や攻撃的なことばを具体的に子どもたちの前に示して、どう思うのかを話し合うこと、②いじめられる側が孤立することの悲しさやつらさを子どもたちに知らせること、③まわりの子どもがいじめられる側の子どもにはいじめられる理由があると思っていることが多く、その傍観的な立場にいる子どもへの問いかけが大切なことであるといえます。

　「いじめって、人がいやがることを続けていることで、やってはいけないことであること」「自分がされていやなことは、ほかの人にもやってはいけないことなんだよ」「自分もしてもらったらうれしいことは、ほかの子にもしてあげると気持ちがよくなるよね」「ほかの人がみていないところでも、やさしいことをしてあげられる人ってすばらしいね」などのメッセージを伝えたいものです。

　いじめ問題をテーマにした絵本として、松谷みよ子文、味戸ケイコ絵『わたしのいもうと』（偕成社、1987年）や、スウェーデンの絵本として、レイフ・クリスチャンソン文、にもんじまさあき訳、ディック・ステンベリ絵『わたしのせいじゃない―せきにんについて』（岩崎書店、1996年）があります。どちらも小学生向けです。これらの絵本やいじめをテーマにしたものではなくても、考える材料を提供できる絵本を見つけてみてはいかがでしょうか。

Q12 子ども自身の名前について 親・保護者に聞いてくる実践が ありますが、どう考えますか?

　読者のみなさんは自らの名前の意味、命名の由来をだれから、どのように聞きましたか?

　また自らの子どもたちにどのように語ってあげていますか?　大学生に「あなたの名前はすてきですね。どういう意味があるのかな?」と聞いても、「よく知りません」といわれるので、「親に名前の由来を聞いてないの?」というと、「聞いてないです」との返事も意外と多いのにびっくりします。

☺ こんな意見とあんな意見と…

　性教育実践のなかで、自らのルーツ探しや家族のテーマに関するとりくみに、自らの名前の由来を親・保護者に聞いてくる課題を出し、聞いてきた内容を発表する実践報告があります。名前の由来、親に名付けたときのねがいを聞いてくることについては、賛否両論、いろいろな意見があります。小学校での性教育のなかには、「おうちに帰って、お母さんに自分の名前の意味について聞いてきましょう。聞いてきた内容について次のホームルームでみんなの前で発表してもらいます」という実践もあります。

　この実践の言葉かけの問題は、①これだけの指示では、どのように、何のために聞いてくるのかの目的があいまいです。家族のさまざまな現実を踏まえてのアプローチであるかどうか、その配慮のあり方がまずは問われています。また②「お母さん」に聞いてくるという限定も問題です。父子家庭や児童養護施設で暮らす子どももいます。ステップファミリー（夫婦の一方あるいは双方が、前の配偶者との子どもを連れて再婚した時に誕生する家族）も少なくありません。聞いてくる相手は多様であること、またお母さんにもお父さんにも聞くことがあっていいでしょうし、里親さんや児童養護施設の職

員である場合もあります。③「ホームルームで発表する」ことが実際には半強制的であることは考えてみなければなりません。実際には発表したくない子どももいるでしょうし、聞くことができなかった子どもたちがいることにも配慮が必要です。

いろいろな家族・親子関係があるなかで全員に名前を聞いてくるように課題を出すことには慎重であるべきです。その理由として、①そんなことが話題にならない家族もあること、②プライバシーに関することなので一律に討論することには留意が必要なこと、③自分の名前が嫌いな子どももいること、④特異な名前の子どもがいるなかでは子どもに悲しい思いをさせないために、などをあげることができます。

😊 名前を学ぶ実践を考える

名前に関する家族への聴き取りを子どもたちに課題として出すことはどのような意味があるのでしょうか。ひとつは名前にかかわって、からかったり、いじめが発生したりしている現実があるなかで、それぞれの名前には大事な意味があることを伝えたいと願っていることがあります。実際に子ども集団のなかで名前を標的にしたいじめも少なくありません。私の子ども時代にはミチコちゃんに対して「みっちゃんみちみちウンコして〜、か〜みがないので手で拭いて、もったいないから食べちゃった」なんてはやし立てたりすることもありました。

つぎに子ども自身が自らの存在を確認するアイデンティティの学びの一環であるという面があります。もうひとつは子どもたちがそれぞれのちがいを認めあい、共生的な関係をはぐくむための実践にしたいという目的があることもあるでしょう。

子どもの権利の視点で考えてみると、自らの名前について、どうして名付けられたのか、その名前の意味を知ることはアイデンティティに関わる権利

であるといえます。子どもの権利条約の第7条（名前・国籍を得る権利、親を知り養育される権利）には「子どもは、出生の後直ちに登録される。子どもは、出生の時から名前を持つ権利および国籍を取得する権利を有し、かつ、できるかぎりその親を知る権利および親によって養育される権利を有する」ことが明示されています。

さらに第8条（アイデンティティの保全）では「締約国は、子どもが、不法な干渉なしに、法によって認められた国籍、名前および家族関係を含むそのアイデンティティを保全する権利を尊重することを約束する」ことが規定されています。固有の名前を獲得するとともに命名の意味を知ることを通して、自らのルーツや保護者のねがい、自らのアイデンティティ（自分らしさ）を見つめる問題提起として考えたいものです。

☺ 実践上の留意事項について

親の仕事や家族の状況、子どもの名前の由来や意味についてはプライバシーでもあり最大限の配慮がなされるべきです。そうであれば、実践上は以下のような留意事項を意識することが必要です。

①「発表してもいい人は、発表してくれる」というように、話したくない子どもが発表を強制されない権利もしっかりと保障していくことはいうまでもありません。プライバシーを開示することは、子どもにおいても自己申告制を基本にすべきです。

②保護者に現在の取り組みについて説明し、協力を依頼することはとくに重要です。さまざまな家族状況があることを踏まえて、丹念な意見交換と相談関係を通して子どもへのかかわり方を考えてもらうことも親への支援のあり方として考えたいものです。

③外国籍の子どもたちもいるなかでは、ていねいな状況把握が必要です。大事なことは自分の存在を見つめ直す実践としてとりくむことです。

保護者との連携をどのようにすすめるか

　いろいろな親がいてさまざまな問題を抱えた家族があることは事実ですが、いま問われていることは子どもの現実を前にして問題意識を持って連携や協働のあり方を追究していくことではないでしょうか。言うのは簡単ですが、実際はそうはいかないという声も聞こえてきますが、あえて私なりの問題提起をしておきたいと思います。

　名前に関心を持つということは、自分自身への興味・注目を育むことでもあります。自らの名前について学ぶことは教育実践の課題には一切しないという考え方もあります。そうした意見に対して私は子どもと家族のプライバシーを守ることを前提に、子ども自身が自らのアイデンティティを育む、名前を標的にしたいじめを考えるための問題提起をする実践を考えてみたいと思います。何か事件があって、その犯人と同姓や同名であることでいじめの標的になることもよくあることです。

　名前は単なる記号ではありません。名前には親・保護者の子どもへのねがいや希望が塗りこめられているものです。そのことは生命誕生のテーマでいのちのリレーが行われていることを科学的に学ぶとともに、名前の学びを通して自らの存在に着目していくひとつの動機にもなっていく可能性を持っています。

　名前について学ぶ実践に関してさまざまな主張や意見があるなかで、あえて問題提起をしてみました。アイデンティティ形成の課題として、また結果的に子どもたちを傷付けることのない実践にするための留意事項を整理し、子ども集団のなかでからかいなどの対象になっている名前に関して積極的に取りあげてみる実践を検討したいものです。命名の由来を語ることを通して、出生のときの喜びと子どもの成長へのねがいを伝えることができたら、ステキなことですね。

Q13 幼児期に性教育は必要ないと思うのですが?

😊 性教育は一斉指導だけではありませんよ

　性教育と聞くと、一人の先生が前に立って教育するという、学校のような一斉指導をイメージするかもしれません。だから2歳児、3歳児の一斉指導というのは発達的に難しいと思ってしまうかもしれません。しかし、幼児の場合、比率的には、個別とかちょっとしたグループとかで、何かあったときに対応したり、話をしたりするという場面がむしろ多いと思います。加えて、絵本の読み聞かせや紙芝居はこの年齢でもできることを踏まえれば、みんなで学びあう性教育ができないということではありません。

　性教育の先進国のひとつであるオランダでは、国立カリキュラム研究所(SLO)が「性教育学習ライン」を提示しています。その内容は、0～4歳、4～6歳(幼児)、6～10歳(小学校低学年)、10～12歳(小学校高学年)、12～15歳(中学校)、15～18歳(高校)の6年齢区分を設けて、4つの課題(①身体的発達と自己イメージ、②親密な関係、③生殖・家族・避妊、④セクシュアリティ)で整理した「性教育学習ライン」が作成されています(リヒテルズ直子『0歳からはじまるオランダの性教育』日本評論社、2018年、220～226頁を参照のこと)。

　保育園や学童保育や学校で行われている性教育というのは、大きく分けて3つの柱立てがあります。第1の柱は一斉指導としての学習会形式の性教育。第2の柱は個別指導など、生活の中の性教育です。さらに第3の柱として職員の専門職研修としての性教育です。この3つがあって全体として機能していくと考えています。

　一番難しいのは2つめの個別指導です。絵本や紙芝居を使って、全体で読み聞かせや話し合いなどの一斉指導・集団の学びは、ある程度は話す側が準

備をして行うので、学びの流れをつくるのは実践者側にあるわけです。例えば、『あっ！そうなんだ！性と生』などの絵本を読んで、性を語ることは特別なことではない、いやらしいことではない、ということを共有するには、一斉指導の方が効果的です。子どものグループに話すためには職員も準備の段階で勉強をします。

　しかし、個別指導というのは、一人ひとりに、その場で対応しなければなりません。予想もしない子どもの言葉に、一瞬で考えて対応する力が問われます。適切に答えることができなかったときには、職員同士で情報を共有して、実践検討の議論や試行錯誤の学び合いを行います。やはりこの3つの組み合わせで、包括的で具体的な性教育になると思います。

😊 日常の関わりの中での性教育

　日本における公立小・中学校の性教育は年に3時間ぐらいしか時間を確保できていません。それでも性教育にとりくんでいる学校ということができます。しかも、時間的な余裕がないので一斉指導で教え込もうとすると、性教育でも"落ちこぼす"子どもたちを生み出すことになり、おもしろくない内容になってしまいます。とくに年齢が低ければ低いほど、性教育を楽しくすすめるということはすごく大事なことです。例えばギターを弾きながら音楽に乗せて、性に関するさまざまな質問をさせて、子どもたちが自由に話しあうことを大切にする実践もとりくまれています。

　そのためには、保育者一人ひとりの「性と生の意識」が問われてきます。子どもに言われたり聞かれたりしてわからないことも必ず出てきます。その時

は、「あっそう、大事なことだよね。よく聞いてくれたね。でも今ちょっと正確に話ができないから、明日までに勉強してくるから、いついつ話するね」と伝えてあげてほしいと思います。「先生はちゃんとこうやって話してくれた」ということは、信頼を得ることにつながると思います。「そんなこと！聞いちゃダメ！！」と永遠に聞けないような関係にする方が問題ではないでしょうか。

　また、子どもは新しい言葉を覚えたら、それを言いたくなるものです。例えば、一斉指導で絵本を使ってさまざまなからだの名称や部位を習い、子どもが急に家庭で性器の名称を言って、親がびっくりするということが起きることもあるかもしれません。あらかじめ、授業の目的や必要性、教材などを伝え、保護者に理解を求めるなど、丁寧に進めていくことを大事にしていきたいですね。保護者会など親の関わりの中で伝えてほしいのは、子どもに「どういうことを勉強したの？」と聞いてもらい、「こういうことを勉強したんだよ」とその子に言わせてあげてほしいことを保護者に伝えたいですね。学んだことを家庭で確かめる関わり方をしてもらいたいなあと思います。そうして保育園・幼稚園・学童保育などと家庭が連携して子どもと関わる性教育を創っていきたいものです。

　先生たちからだけでなく、生まれたときのこと、ケガをしたり、病気だったときのこと、写真を見ながら楽しい思い出など、家族だからこその話ができたらいいですね。

😊 幼児・学童期の性教育で大切にしたいこと

　では幼児・学童期の性教育で大切にしたいことを箇条書き的にまとめておきます。

　①まず性教育は楽しい学びであることが大切です。それを話す側のおとなにおいても楽しい時間であるのです。

②自由に何を聞いても、どんな質問をしてもいいことが前提にされていることです。対話のやりとりを大切にしていく実践ということでもあります。

③絵本などを使いながら、視覚的にも学べる工夫がされていることです。ただし、DVDなどの映像教材に全面的にゆだねることは基本的に避けたいところです。話す側の生の声で、表情や動作なども含めた語りかけを大切にしましょう。うまく話せなくても、このことを伝えたいという思いが大切なのです。そのためには何を伝えたいと思うかを学習によって蓄積しておくことが大切なのです。

④いろいろと伝えたいことがあるので、ややもすると詰め込み的な実践になることもあります。ゆったりと子どもの反応もみながらすすめたいですね。そのためには、あれもこれも伝えたいと思うことがあるのですが、できるだけひとつのテーマ・課題に絞ることも必要です。

⑤実践者が学びながら語ることに、真摯に取り組むことがあげられます。性教育の民間研究団体として、1982年から研究と実践を蓄積してきた一般社団法人"人間と性"教育研究協議会（略称：性教協）があります。また、性教協のサークルのひとつに、乳幼児の性と性教育サークルが活動をしていますので、ぜひともご参加ください。

⑥性教育の内容について、「園・クラスたより」などで、保護者に理解してもらう努力を心がけたいものです。性教育はいつでもチャレンジングなとりくみです。子どもと社会の変化・ニーズに応じた性教育を発展させていきたいものです。

Q14 幼児期の性教育をすすめていくうえで、大切なテーマのポイントと分岐点はどのようなものでしょうか

　幼児期の性教育のポイント・分岐点として、①出産・出生、いのちの大切さ、②性差・性役割、③家族、④ジェンダー意識、⑤セクシュアル・マイノリティ、⑥からだ観を取り上げて、これらのテーマのこれまでとこれからを考えてみましょう。

① 出産・出生、いのちの大切さ

　出生のなりたちやいのちの神秘さやがんばって命がけで産んでくれた母親への感謝で終わる性教育では生まれる子どもの存在とともに父親の存在もほとんど見えてきません。結局は母子一体論の強調になっていることに注意をしたいものです。

　いのちのしくみを科学的に説明して、出産・出生に関してお母さんもとってもしんどいけれども、赤ちゃん自身が「生まれるよ！」って合図を出して、赤ちゃんがすご〜くがんばって生まれてきたことを伝えたいものです。産道を通るときに胎児の肺にいっぱい入っていた羊水をはき出しながら出てきて、そしてはじめて肺呼吸に切り替えるときに、空気が赤ちゃんの肺に入ってきます。それがまさに出生のときの第一声 (the first cry of a newborn baby)、産声ということです。いのちや出生に関して、「命の神秘や不思議」に行き着くのではなく、徹底してからだ学習の課題として展開することを提案しておきます。

② 性差・性役割

　幼児教育や保育のなかでは、お父さん役割・お母さん役割を肯定的に語ることが少なくありません。外で働くのはお父さん、家で食事を作るのはお母

さんということで、実際には男女の「特性」と関連づけて性別役割を強調することがよくありますし、おままごと（模倣遊び）は男女の特性を一面化して刷り込んで、結果的に男女の性別役割を"学ぶ"ことになっている側面があります。

　むしろ男も女のからだもほとんど同じで、役割についても家事・育児は男性もできるし、保育園の場合は保護者が共働きであったり、シングルで働いていたりすることが多いですから、そうした事実に即して語っていきたいものです。

③ 家族

　家族は社会の基礎単位であり、あったかな人間関係の集団として扱われることが基本になっています。「血のつながり」によって結ばれた人間の絆として語られることが少なくありません。父親と母親がいて子どもがいる家族であることが幸せの保障でもあるかのように考えられがちですが、実際の家族は父子家庭、母子家庭、両親がいる家庭、三世代家族、単身赴任による別居家族、子連れの離婚・再婚家庭（ステップファミリー）、里親家庭、施設という"拡大された家族"、同性婚家族など実に多様な家族の姿があります。

　家族の実際は幼児期の子どもたちからみても実にさまざまなカタチと実態があります。固定的な家族像を提示するのではなく、実際のいろいろな家族を紹介することで、大事なことは思いやりのある関係でハッピーな暮らしをつくることをプロセスの問題として具体的に伝えたいものです。結婚は家族形成の終わりではなく出発であり、家族のプロセスは結婚や出産、子育てなどにどうやってちからを合わせて暮らしているのかを語っていきたいものです。家族のなかの旧態依然とした性別役割分業論、父母と子どものいる画一的な家族像を押し付けるようなメッセージには注意をしておきたいと思います。

④ ジェンダー意識と共生

　幼児期・学童期とくに小学校低学年では男女が一緒に遊ぶことを楽しんでいて、ジェンダーの刷り込みは比較的少ないようです。しかし3歳ころからジェンダー意識が芽生えてくることで、とくに遊びの場面で男の子と女の子の遊びの区分、さらには男の子による女の子の排除が見られるようになったり、女の子のなかに入って遊ぶことに対してひやかしたりすることも目にするようになります。

　またことばの男女差も荒々しい言葉・暴力的な言葉（オマエ、テメエ、オレ、〜するんじゃねーよ、〜しろよ）と優しい言葉づかい（ワタシ、○○ちゃん、〜しようね）といった男女差が徐々に表れてきます。そうした外形と言動によって男の子は男のアイデンティティを獲得していくという現実があります。

　荒々しい言動が"男らしさ"という獲得のプロセスと感じている男の子が女の子に攻撃的で暴力的支配的な態度をとることもよくあります。こうしたジェンダーバイアスの表れに対して一緒に遊び、男女が協力してとりくむことの楽しさを体得する機会を増やしたいものです。あんまり神経質にならずに「あれあれ、そんな言い方より、〜と言った方が気持ちいいね」「優しくしてあげていて、えらいねえ」と男女共通の言語と行動を評価し、具体的に提示していくことがあってもいいのではないでしょうか。

⑤ セクシュアル・マイノリティ

　すでに幼児期には「オカマだ〜」「オンナみたい」「男の子は泣いちゃダメだよ」などの言葉を耳にするようになります。テレビでゲイの人たちを笑いものにするメッセージを頻繁に聞くことで、ホモ・フォビア（同性愛嫌悪）が確実に注入されてきます。子どもたちのなかには「へんなひと」として心に植えつけられることもあります。保育者自身がセクシュアル・マイノリティ

に関する学習をしていないと、「へんなひとに近づいてはダメよ」などという偏見を助長することばをくり返すこともあります。性的虐待の加害者像と結びつけることは絶対にあってはならないことです。

　人は男性（女性）で男の人を好きになる人もいれば、女の人を好きになる人もいることを伝えればいいのです。正常VS異常、普通VS特別、一般VS特殊という評価を加えることなく、人間の性の多様さを事実・現実に即して語ればいいことです。テレビなどでも特殊な存在のように映されることが多いのですが、「男の人で男の人を好きな人もいていいんだよ」とさり気なく語りたいですね。

⑥ からだ観

　子どもたちの言葉のなかには「おっぱい」「チンコ」「おしり」「セックス」などの性に関わる用語が使われるようになります。幼児期からからだはいやらしいもので、他者から見られるものとして認識していることが多いのです。「デブ」「ブサイク」などのからだへの攻撃を頻繁に口にするようになることも幼児期から見られます。からだの不浄観や嫌悪感・観は月経や射精に対してもつくられることになりますが、その基礎にはからだ観のゆがみがあります。この時期にからだっていいものだという感覚と観点をはぐくむ課題が性教育にはあります。"気持ちいい"ことに否定的にならずに、からだの感覚をとってもステキなこととして子どもたちに語っていきたいものです。

　自己肯定感・観の醸成はまずからだへの肯定的な感覚と理解によって形成されてくるものです。性的発達の重要な柱である「自らのからだを大切」と感じるちからをどのようにはぐくんでいくのかが課題となります。

　子どもたちにとってはじめて出会う性教育で、あなたは何を語りたいですか。

Q15 幼児期・学童期の性教育実践をすすめるためには、どのようなちからが求められるのでしょうか

😊 笑顔で対話を楽しみながら

　まず幼児期・学童期の子どもたちへの性教育で大切にしてもらいたいことは、「笑顔で語りかけができる」ことがポイントです。楽しい、おもしろい時間であるように工夫するためには、性を語るときの雰囲気づくり、子ども一人ひとりが具体的に発言し参加できるように組み立てることが大切です。

　第2に「対話のちから」をあげておきます。子どもとおとなが交互に話すことが対話の基本的な運びです。このことを意識するだけでも子どもにとっては一方的に聞くだけではなく、学びに主体的に参加する可能性が広がることになるのではないでしょうか。

　第3として「絵本をうまく活用できるちから」が問われます。何を伝えたいのかを考えて絵本を選ぶことも大切ですが、その絵本で子どもたちが楽しみ、興味・関心をはぐくむものであるかどうかが、一番大事なポイントです。

　第4には「子どものつぶやきやおどろきの声に耳を傾ける」余裕があることも大切です。子どもの感受性を大切にできる私たち専門職の感受性が問われています。目標を設定して、その目標に縛られるよりも、子どもとのやり取りをおとな側が楽しみながら性を語ることができればいいのではないでしょうか。

　第5として「子どもの自由な発想と問いかけを活かせるちから」を持ちたいものです。そのためには性についての学習を培っていることが大切です。自らが学ぶことなしに性教育は実践としてすすめることはできません。

　これらのちからをはぐくむために大切なことは、性教育というあらたな専門的実践にチャレンジしようとするかどうかが、まずは問われることになるのです。そして、微笑みかげんの実践をめざしたいものですね。

☺ 教材としての絵本の選び方と活用方法

　幼児期の性教育では絵本はとくに重要なツールです。どんな絵本をどのような観点で選ぶかが問われます。そこで問われるのは何を子どもたちに伝えたいと思っているのかという保育者・保護者の問題意識です。それとともに楽しみながら学ぶことのできる教材としての絵本という観点で選ぶことを大切にしたいですね。どんなテーマを取り上げるかを意識しつつも、そのテーマを教え込むという課題に縛られないようにしたいものです。

　つぎに"健全な家族"(父母が揃っている家族だけを前提にした家族論)や"健康な子ども"(障がい児を排除した子ども論)だけを前提にした絵本ではなく、マイノリティの子どもを視野において、困難な生活環境やさまざまなニーズを持った子どもたちを意識した絵本を選びたいものです。この点が不十分であれば、語る側が補足できるだけの力量を持ちたいものです。

　3つ目に、どのように読むかについて、それぞれの場面で区切って説明を加える絵本の読み方をする人もいますが、絵本は断続的に読むのではなく、流れとテンポを大事にして読むことが大事です。読み終えた後で、補足する話をいれて、話し合ってみてはどうでしょうか。

　4つ目に、読み聞かせだけでなく、そのあとのとりくみで何をするかも重要です。自分の生い立ちや成長のエピソードを保護者に聞いてみることもできます。その際、事前に各家庭と相談をしながらすすめることに留意しておきたいものです。けっしてみんなの前で報告をする必要はありません。家族のなかで生まれたときのことを話し合う場ができればいいのではないでしょうか。

　もうひとつは必要なテーマ・課題があれば、絵本を作ってみることもチャレンジしてみたいものですね。たったひとつの教材を作ってみることで、何を子どもたちに伝えたいのかを基本から考えることにもなると思います。

☺ さまざまな実践の可能性

第1に「生い立ちの学び」は、生命誕生や自己肯定感・観の形成に関わる課題へのアプローチでもあります。写真、DVD・ビデオ、ボイスレコーダーを使って、具体的に生い立ち＝自分の成長のプロセスと、これからの成長のイメージをはぐくむことができます。その際に各家庭にはさまざまな事情があることへの配慮とプライバシーの保護という点には留意をしておきたいものです。

第2に「からだ学習」のとりくみとして、寝ころんでからだをみんなでなぞって紙に書いてみる、からだの名称を歌いながら学ぶというとりくみもできます。からだの再発見を通して、自らの成長を確認しともに喜べる雰囲気ができるといいですね。

第3に「絵本の読み聞かせ」で、「家族」「女の子・男の子」「いじめ」「からだ」「性」「ジェンダー」などのテーマを何冊か系統的に連続して取り組んでみるのもいいのではないでしょうか。

第4として「ロールプレイ」では、たとえばごっこ遊びを通してお父さん・お母さん役割を逆転させてみることで、伝統的な性別役割分業について考えてみることもよいのではないでしょうか。その際、おとなの考えを押し付けるのではなく、役割を演じてみてどんな気持ちだったかを話し合ってみるなどの取り組みが大事ではないでしょうか。

第5に「あったか言葉・うれしい言葉・楽しい言葉あつめの取り組み」もできます。現在、幼児期であっても、死ね、臭い、うざいなどのネグレクト・他者否定・いじめ言葉の氾濫、暴力の文化が子どもたちにも少なからず影響しています。そのなかで対抗文化としてのジェンダーの平等・共生の言語形成の取り組みとして位置づけたいものです。

乳幼児の権利の視点に立脚して

　幼児期の性教育をすすめるうえで、あらためて乳幼児の人権に立脚した子ども観を踏まえておきたいものです。国連・子どもの権利委員会による「一般的見解」第7号（2005年7月採択）から紹介をします。

　乳幼児期の子どもの社会的存在に関して「幼い子どもたちは、生まれたときから、固有の興味、能力を持っているとともに弱い立場におかれている社会的な権利行使者（social actors）であり、また、自分の権利を行使するさいには、保護、指導および支援を必要としている」ことが謳われています。

　「乳幼児期についての積極的な検討課題」として「幼い子どもたちは、その権利を行使するために特別に必要としていることがある。それはからだを育ててもらうこと、情緒的な安定感を得ることおよび細やかに指導してもらうことであり、同時に、仲間遊び、探索、学習のための時間と空間である」と基本的な実践課題が示されています。

　「一人ひとりの幼い子どもが抱く特有の興味、向き合う経験や挑戦を大切にすることは、子どもたちの人生におけるこの決定的に重要な時期にその権利を実現するための出発点である」し、その際に「思いや気持ちを表す（express views and feeling）権利が、家庭（場合によっては親族も含む）や身近な地域における子どもの日々の生活のなかで、常に心に留めておかれるべきである」と、幼い子どもの思いと気持ちが尊重されることが権利として保障されることが明記されています。

　こうした幼児期の子どもたちの権利を踏まえて、性教育を考えてみたいものです。性教育のなかでも、これまで理論的な検討と組織的な実践を継続的に展開してきたとはいえない現状があります。

　この課題にチャレンジしている乳幼児の性と性教育サークルでぜひ一緒に取り組んでみませんか。

第 **Ⅰ** 部

幼児・学童期の性
～30のQ&A～

2.家庭での疑問

Q16 おフロでこんなことを聞かれたら

　おフロは性やからだの話がしやすい場でもあります。それも親子であれば、洗いごっこやしりとりをして遊んだり、からだや性器（排泄器）の話をしたり、洗い方を教えてあげたりなどの楽しい時間とすることもできます。

　保育園や学童保育などではおフロに一緒に入ることはそう多くはありませんが、お泊り保育などで、一緒におフロということもありますね。少ないチャンスのなかでも、ちょっと意識して伝えてみることもあるかもしれません。

　おフロのなかは自由な質問が出やすい空間です。ドキッとするようないろいろな質問が出てきます。「どうしておとなは毛がはえてるの？」「なぜお母さんにはおチンチンがないの？」「なんでお父さんのおチンチンは大きいの？」「（月経期間）お母さんはどうして今日は入らないの？」「赤ちゃんはどうやっておなかのなかにいるの？」「赤ちゃんはどこから生まれるの？」「いつになったら、私のおっぱいは大きくなるの？」などなど、質問の宝庫でもあります。それだけにおフロは楽しい語らいができる場でもあるのです。予想外の質問こそ子どもの成長の証でもあるんですね。そんな成長を楽しみながら、おフロの時間を大切にしたいものです。

😊 どうしておなかにヒビわれができているの？

　子どもは意外とおとなのからだの観察をしているものです。子どもがおフロで発する質問にこんなのがあります。お母さんのおなかをじろじろ見て、「どうしておなかにひびわれができているの？」。このひびわれは妊娠線のことです。小さいときは、その視線の高さがちょうどおなかや性器付近であったりするので、そんな質問が出てくるのですね。

　「それはね、あなたがおなかのなかでだんだん大きくなっていくので、おかあさんのおなかもいっしょに大きくなっていくの。だからお母さんのおな

かはパンやおもちがふくらんだときのように、割れ目ができたんだよ。でも痛くはないのよ。赤ちゃんを生むときはお母さんのからだも生みやすいようになっていくんだからね。安心してね」。

　観察者としての子どもの声に、きちんと答えていくことは、からだへの偏見をなくし、"からだっていいもんだ！"というメッセージを送ることでもあります。そして親子の関係を考える話でもあるのです。

😊 ペニスはUFO！？

　私が児童養護施設で指導員をしていたときに、幼児寮で一緒に入浴をして、からだを拭いてあげていると、急に女の子（3歳児）が私のペニスをギュッとつまみました。目の前にぶら下がっている"異物"に思わず手が伸びたのでしょう。「ユキちゃん（仮名）は、おチンチンって、知らなかったの？」「うん……」「あんまり見たことないんだよね。男の子にはみんなあるんだよ。ほら、セイジくん（仮名）にも、シゲちゃん（仮名）にもあるよね」「しってるよ！いつもいっしょにおフロはいっているもん」「おとなのおチンチンは知らなかったんだね」。ほかの子も「センセイのチンコはデカイ！デカイ！」（そ〜でもないのにね〜……）。ひとしきりおチンチンの話で盛り上がりました。この時期の子どもは、あっけらかんとしてペニスの話をします。からだ学習で、性器だけを意識的に落ちこぼすのはヘンですよね！

　ユキちゃんは、乳児院（ゼロ歳児から2歳児までの子どもが暮らしている児童福祉施設）から18歳まで生活できる児童養護施設に移ってきた子どもでした。乳児院では、職員はほとんどが女性で、男性とおフロに入ることはなかったのです。おとなと入ることもほとんどなかったようです。

　だからおとなのペニスって、はじめて出会うUFOのようなものだったのですね。男性には、ペニスがついている。幼児期にはまず性器（排泄器）の形状のちがいで、性別を認識していく第一歩を踏み出していく面があります。

☺ 「性器をきれいに」を具体的に教える

　でも女の子の性器（排泄器）については、なかなか話題として取り上げられにくいのが実際です。とくに女の子のおしっこの拭き方について正確に教える必要があります。男の子の場合は、ペニスと肛門を区別できます。でも、女性の外性器は肛門の近くにあるので、女の子は、教えられないと、外性器と排便をまちがえて結びつけてしまったり、外性器全体を“きたない”ものだと考えたりするかもしれません。

　幼児期の女の子は、尿道と肛門とのあいだに、膣の開口部があることを教えてあげる必要があります。これは、トイレットトレーニングのときにとても重要なことです。放尿のあとで、トイレットペーパーを重ねて巻いて、それを尿道口に軽く押し当ててオシッコのしずくを吸いとることを学ばなければならないからです。

　つまりトイレについて、ウンコはうしろに拭くことを教える必要があります。その際、おしっこの出口とウンチの出口、あかちゃんの通り道があり、前から尿道口、膣口、肛門の位置関係を教えることが大切です。それでウンチが膣口や尿道口につかないということが理解できます。※女の子のオシッコのふき方、22ページの「Q4」を参照のこと。

　できたらおフロでは性器の洗い方の説明をしておきたいですね。女の子は、陰唇のところの溝をきれいに洗っておくように教えておきましょう。膣のなかは洗わなくても自浄作用があるので大丈夫です。

　男の子のペニスは、亀頭をむいて出して、そっと洗ってあげましょう。はじめは痛がるので、やさしくゆっくりと自分でやってもいいし、やってあげてもいいですね。恥垢（ちこう）をとらないと化膿したりして、臭くなったりしますので、そんな話もしながら洗うようにしたらどうでしょうか。

　からだ・性器をきれいにすることを伝えることは、あなたを大切にするこ

と！というメッセージであるのです。そういう思いを込めて、性の話をするのも大切なことなのです。

☺ 「きれいなパンツは気持ちいいねえ」

おフロからあがったら着替えです。女の子はおしゃれで、「お母さんみたいなのがいい。私もピンクのがほしい！」と言ったりします。ピンクのパンツもいいのですが、そんなとき「パンツはなぜ白色なのか？しってる？」と問いかけてもいいでしょう。「それはね、バルバ（女性の外性器）や肛門が病気になったりしてないか、すぐにわかるようにするためなんだよ。白色のパンツが汚れていたら、自分ですぐにわかるでしょ。おかしいと思ったら、お父さん（お母さん、先生）に言うんだよ」。こんなやりとりもできますね。

でも子どもたちはまっ白なパンツだけじゃなくて、キャラクターがプリントされたパンツが好きですよね。自分で下着を選ぶことも尊重してあげられたらいいですね。

からだ・性器の自己管理能力は、こんな話のなかではぐくんでいくことになるのです。毎日毎日のおフロの時間は、1日30分とすると、1年間で180時間を超えます。こんなにある親子の時間を大切にしたいものです。子どもは親と一緒に入りたくないというようになり、徐々に"親離れ"をしていくようになります。そのときはパートナーといっしょにゆっくりとおフロの時間を楽しみたいものです。

「からだの清潔」「からだをきれいに」という課題にアプローチするうえで、おフロは最適の場所かもしれませんね。でもおフロ場を何か教えるための空間にしてしまったら、おフロの楽しさが半減してしまいます。息抜きができて、湯のなかでボーとすることもいいのではないですか。湯のなかでボーとする"ユーボー"な人間を育てたいものです。

Q17

ボク、おチンチンが立ってきちゃった！
―性器とのつきあいはじめ―

　幼児期、学童期の子どもたちは自分のからだ・性器・排泄器官の変化を感じ取るようになってきます。「ボク、おチンチンが立ってきちゃった」「どうして女の子にはおチンチンがないのかな？」「お母さんのおっぱいはどうして大きいの？」などなど、自分や家族、まわりの子どものからだの変化や特徴に関心を持つようになってきたことは発達の証しですね。

　ペニスは「おチンチン」と、親も保育士もほとんど躊躇することなくそう呼んでいます。だから男の子にとってはその変化や関心を口にすることをためらうことはありません。

　「あれ、ボク、おチンチン（チンポ）が立ってきちゃった」、トイレで「あ～、○○ちゃん、ぽっきしてる～」など、「たつ」「ぽっき」は男の子のなかでよく使われることばですね。性器とのなが～いつきあいがはじまっているのです。その時期にどんなことを話してあげればいいのでしょうか。

☺ ぼっきをどう語ったらいいかな

「“ぼっき”って、どんなことを言うのかな？」

「おチンチンが大きくなることだよ」「そうだねえ、ふつうのときより大きくなって、かたくなるんだよね。どうして大きくなるのかなあ。ふしぎだよね」

「さわってたら、おおきくなったよ」「おしっこしたいときに大きくなっちゃった」「朝起きたら、大きくなってたことあるよ」……幼児期、学童期で一番大きなからだの変化を感じるのは、ペニスの変化なのかもしれません。背も体重も足の大きさもそんなに大きく目に見える変化があるわけでもないですからね。

「ぼっきは男の子だったらだれにでもあることなんだよ。恥ずかしいことでも、おかしなことでもないんだよ。おとなになるにつれておチンチン（ペニス）もだんだん大きくなるんだ。おチンチンもときどきちょっと背伸びしてるのかもね」

「どうして大きくなると思う？それはね、おチンチンのなかは台所にあるスポンジのようなものでできていて、そこに血液が入ってきてふくらむしくみなんだよ。スポンジが水をすい込んで重くなったりするよね。スポンジとちがって、入ってきた血液は外に出ないからかたくなるんだ。ビニールに水をいっぱいまで入れると、パンパンになるでしょ。それがおチンチンの場合、ぼっきというんだよ。おチンチンはペニスっていうことも覚えておこうね」

「どうして女の子にはおチンチンがないの？」という質問もときどきあります。あなたならどう答えますか？「女の子ははじめからそんな余計なものはないの！」「ないから、女の子なの！」「おチンチンがついていたら、男の子になっちゃうでしょ！」など、へんな質問はやめてと言わんばかりの返答がされることもあります。こんな返答だったら、もうこれからは性に関する質問など、親・保育士にはできないなと感じてしまうのではないでしょうか。

こんなのはどうでしょう。「ほんとはね、女の子にもおチンチンはあるの
よ。男の子は外に出ていて見えるけど、女の子はからだの奥の方にあって外
からは見えないんだよね。それに小さいので、そっとしまってあるんだよ」
“男性にあって女性にない”ことに力点を置いてちがいを強調するよりも、人
間としてからだの共通性を理解することにもっと力点を置いて話したいもの
ですね。

　ついでに「どうしてお母さんのおっぱいは大きいの？」という問いについ
てもふれておきましょう。「それはね、小学校高学年のおねえさんぐらいの
年齢になるとね、だんだんとおっぱいが大きくなるの。おっぱいのなかにあ
る乳腺が成長していくの。にゅうせんは、お乳（母乳）をつくるところなのよ。
そうやっておっぱいが大きくなって、赤ちゃんが生まれたら飲ませるお乳を
つくるところになっていくのね」

　からだや性器への子どもの関心を大事にして受け止めることで、子どもが
自己肯定感をはぐくんでいくことができるのです。

☺ ちょっと注意をしておきたいこと

　「ぼっきって、何も恥ずかしいことでもないし、いやらしいことでもない
ことですから、『ぼっきしてる〜』なんて、からかったりしないようにしてね。
男の子ならだれにでもあることなんだからね」「ひやかしで“ぼっき”というこ
とばはやめようね」

　からだの評価や変化に関して、子どもたちのなかには攻撃やひやかし・か
らかいの材料になることが多いのが実際です。からだ・性器の変化や発達に
関して肯定的なメッセージをどのように送っているのかを考えたいもので
す。

　「もうひとつ、気をつけてほしいことをいうね。それはペニスには優しく
してあげてほしいのね。他の子のペニスや睾丸をたたいたり蹴ったりしたら

いけないってこと！とっても敏感なところだから、痛いんだよ」

　こうしたメッセージが子どもたちに有効に伝わるためには、外性器である
ペニスや睾丸がどうして大切な器官なのかを説明しておくことが必要です。
生きていること、いのちの大切さを伝えるには、抽象的な生命観を教え込む
だけでなく、からだのひとつひとつの器官の働きを学ぶことを通して、いの
ちを学ぶことが重要です。いのちの学習とは、具体的には動いているからだ
を知ることで実感していくことになるのではないでしょうか。

Q18 幼児期、学童期の子どもたちにも「性器」について教えなくてはいけないものですか？

　おとなたちも隠語や卑わい語で性器などを呼ぶことが少なくありません。

　幼児期、学童期に性器について話すときのポイントは、①「性器の健康」、②「性器の発達」、③「からだの権利」という3つの視点で考えてみてはどうでしょうか。

①「性器の健康」の視点

　男の子にとってはオシッコをする排泄器と性器は同じ器官で、女の子にとっては排泄器と性器は別々の器官です。女の子の場合は、内性器としての側面が大きいので炎症などを起こしやすいのですが、男の子も性器のなかに垢がたまったり、オシッコの残りが付いていたりで炎症を起こすことがよくあります。

　そこで大事なことは、性器の健康をチェックする感覚と言葉を教えることが大切です。かゆい、ムズムズする、イタイ…、なんかヘン？などの表現ができるようにしたいですね。パンツにオシッコではないシミが付いていたら放っておかないこと、他の人・子にさわられたり、見せるように言われたりした場合には、「いやだ！」といえること、きちんと親や保育者に状況をいえるようになることが大事です。

　「手をきれいに洗っていないと、バイキンが付いて、おなかがいたくなったりするよね。それはね、バイキンが付いた手でお菓子を食べると、手からお菓子にバイキンがうつって口からバイキンが入るからなんだよ。目も耳も口もバイキンやゴミが入ったりすると、いろんな病気になっちゃうよね。同じように性器（バルバ）、オシッコの出るところもいっしょなんだよ。出口のあるところは、からだのなかにつながっているんだ。だから、いたくなったりかゆくなったり、ちょっとヘンだなと感じたら、教えてね。なんにも恥

ずかしくないからね」とお話をしてあげればいいでしょう。

　お風呂では、無理をしないように亀頭を出して、シャワーやかけ湯で洗うことができるように教えたいですね。お父さん・お母さんのどちらでも、くり返し教えてあげるといいですね。同性でなければ教えてはいけないということはないので、お父さんから男の子・女の子、お母さんからも同じように伝えてあげればいいのです。

　とくに女の子の場合、「出口のあるところは、からだのなかにつながっているんだよ。性器はふだんはバイキンが入らないように、閉じているんだけど、かゆくなったり、腫れたりすると、入口が少し開いていたりするんだよ。だからバイキンがもっと入りやすくなるのね」と伝えてあげればいいでしょう。

　性器は恥ずかしいところではなく、大切なところというメッセージを日常的に伝えておくことが重要です。そのためにも正式な名称をもった器官であることが必要なのです。

②「性器の発達」の視点

　性器も発達のプロセスがあります。中高生に語るように、受精卵から胎児の初期の段階での性器が相同性（男性器も性器のもとである性腺原基は両性形もしくは女性形であったといえます）であることを幼児期では語らなくてもいいのですが、とてもわかりやすい絵本（『あっ！そうなんだ！性と生』エイデル研究所など）がありますので、参考として活用してはどうでしょうか。まだ抽象的な認識能力は十分に発展しているわけではありませんので、具体的な思考能力に即した語りかけができればいいでしょう。

　幼児期、学童期の子どもたち、とくに男の子たちはおとなのペニスをみて、いろいろ質問をしてきます。それは外性器に関しての内容が多くなります。あるいは言わないまでも、心のなかで思っていることもあります。「お父さんのオチンチンはどうして大きいの？」「どうしてボクのオチンチンとちがうの？」「なんでお父さんのオチンチンにはおひげがはえているの？」などが

ありますね。「オチンチンもからだと同じようにおおきくなるのね。○○君の
オチンチンもそうだよ。大きくなると皮からはみ出してくるのね。だからお
父さんみたいな形になるんだよ。でも顔がみんなちがうように、オチンチン
もみんなちがうんだ」。

　女性器の場合、外から見えないので、あんまりお風呂での会話にならない
かもしれません。でもお風呂に入るときに、性器の洗い方を具体的に教えて
あげられるといいですね。からだを洗うのと同じように、性器を洗えるよう
になることは、からだ・性器の健康の観点からも大事です。

　性器もからだと同じように発達・変化していくことをときどきに伝えてい
きたいものです。月経や射精も性的発達のプロセスのなかで語ってあげられ
るといいですね。

③「からだの権利」の視点

　「からだの権利」って、何のこと？　からだ、特に性器は汚いものとみら
れてきました。子どもの性器いじりをみたときに、おとなが「そんな汚いと
ころ、さわっちゃダメ！」という声かけをする場合があります。

　自らのからだ・性器にいつ、どのように、さわるのかを決めるのは、その
人の権利です。からだの主人公になっていくためには、こんなメッセージを
子どもたちに贈りたいものです。「あなたが自分のからだのどこをさわろう
と、それはあなたが決めること！　自分のからだを大切にするには、どうす
ればいいか知っておこうね」と伝えたいですね。

　「改訂版 国際セクシュアリティ教育ガイダンス」の「キーコンセプト4暴力
と安全確保」学習目標（5～8歳）のキーアイデアとして「誰もが、自らのか
らだに、誰が、どこに、どのようにふれることができるかを決める権利を
持っている」ことが明示されています。その点を踏まえて、「学習者ができる
ようになること」として「・『からだの権利』の意味について説明する（知識）」
「・自分が不快だと感じる触られ方をした場合にどのように反応すればよい

か（『いやだ』『あっちいけ』という、信頼できるおとなに話すなど）もはっきりと示す（スキル）」（翻訳書、107頁）ことなどがあげられています。

「キーコンセプト6　人間のからだと発達」学習目標（5～8歳）の「キーアイデア」は「自分のからだの名称と機能を知ることは重要で、性と生殖にかかわる器官も含め、それらについて知りたいと思うことは自然なことである」ことを明記。「学習者ができるようになること」として「・内性器、外性器の重要な部分を明らかにし、それらの基本的な機能を説明する（知識）」「・性と生殖にかかわる器官も含め、自分のからだを知りたいと思うことはまったく自然なことであると認識する（態度）」「・自分が知りたいと思うからだの部分に関する疑問について、質問したり疑問に答えたりすることを実践する（スキル）」（翻訳書、128頁）などの諸課題がまとめられています。

からだの大切な器官として、性器があり、性器やからだはさわり方によっては気持ちいいものであることを否定せず、事実として認め体得していくことが自己肯定感・観をはぐくんでいくことになります。自らのからだへの肯定的な見方ができることが自己肯定の基本的な前提なのではないでしょうか。

村瀬幸浩さんが指摘するように、性欲という用語には多くの偏見が塗りこめられており、性欲は「性的欲求」として捉えれば素直に受けとめることができます。さらに私は性的欲求は、性暴力などの「性的支配欲求」と積極的肯定的側面として「性的共生欲求」とに分解して捉えてみてはどうかと考えています。いま大切なことは、人生はじめの時期を生きている幼児期、学童期の子どもたちに、からだ、特に性器への偏見をなくし、自らのからだと性器を肯定的に受けとめる名称と機能を学ぶことが課題となっています。

性器も含めてからだの主人公になっていくことが性教育を通してはぐくみたい課題のひとつであり、目標です。偏見の少ない幼児期だからこそからだ・性器のことを正面から語っていきたいものです。まずはおとながからだと性器への偏見を払しょくする必要がありますね。

Q19 セックス、セックスと叫んでいる子を前にして—性用語を使うことをどう考え、どう受け止めるか

　子どもは新しいことばを知ったら、すぐに使いたがるものです。テレビのアニメのキャラクターなど、おとなたちが知らない名前やことばを自慢げに使っています。そのときはあまり気にならないのに、性に関わる言葉を使ったときにはついつい敏感になってしまいますね。とくにセックスと性器の名称を人前で言われたら恥ずかしいやら、腹が立つやら……。でも子どもって、新しい言葉を覚えたら、使いたがるものなんですよね。おとなが考えているほど、「セックス」ということばの意味を知って使っているわけではないので、過剰反応には気をつけましょう。だいたいカタカナ語は、幼児期や学童期に入った頃の子どもたちにとっては、ちょっとした挑戦でもあるのです。こんなことばも使えるようになったんだぞーといったところでしょうか。

😊 子どもたちはおとなの反応を試している

　子どもたちは、セックス、キス、エッチなどの性用語を使うことで、おとなたちを"試験観察"しているともいえます。このことばを使ったら、どんな反応をするのか、このことばは使っていいのか、この先生は何をいうのかなど、子どもたちはつかっていいことばと、そうでないことばかどうかをおとなの反応をみながら試しているのです。昨日知ったことばを保育園でみんなに言いふらしていることもありますね。そんなとき、どんな声かけをすればいいのでしょうか。

　セックスを連呼したりしているとき、眉をひそめて「そんなことばを言っちゃ、はずかしいよ！」というのではなく、「どんなことなんだろうね、セックスって？こんど、ゆっくりみんなに話してあげるね」と言っておいてもいいですね。やってはいけない対応としては、①幼児だからといって性の話か

ら遠ざけること、②性用語を使うことをしてはいけないことと感じさせること、③問いかけや疑問をまじめに取り上げないことなどです。

　セックスという言葉は、テレビでもよく出てきます。性にかかわることばは、隠語<ruby>隠語<rt>いんご</rt></ruby>や卑猥語<ruby>卑猥語<rt>ひわいご</rt></ruby>、偏見を刷り込む用語として使われることが多いのです。マスコミの影響を幼児や学童も相当受けています。テレビなどでは、セックス場面は暴力と一体のものと（刑法177条：強制性交等罪、同178条2項：準強制性交等罪の行為など）して描かれていることも少なくありません。さまざまな偏見が刷り込まれてくるのも、この時期からでもあるのです。ことばを体得するときに、こうした偏見をともなったことばが子どもたちのなかに入ってくるのです。そうであれば、幼児期、学童期に生まれやすい疑問や興味・関心に対して、ちゃんと話してあげられる力をつけていくことが私たちの課題であるといえます。

😊 テレビで突然セックスシーンが出てきたら……

　テレビを一緒に見ていたら、急にセックスシーンになってきました。さてそのときあなたは……どんな行動をとるのでしょうか。いろいろな行動が予想されます。

　①何か用事を思い出したように、急に立ち上がって、テレビの部屋から出て行く。

　②「ほかは何をやっているのかな」といいながら、あわててチャンネルを回す。あるいは大胆にもスイッチを切ってしまう。

　③子どもの関心をテレビから他にうつそうと、大声で何かを話しかける。

　④見ないふりをして、その場面がすぎていくのをジッと待つ。

　⑤「いやだねえ、あんなことしてねえ」などと、あれこれと批判めいた話をする。

　⑥その他、大胆にテレビの前に立ちはだかる！？

そのとき、子どもはあなたの動揺をなにか変！？と感じているのかもしれませんね。①～⑥の態度をとれば、おとなとは、性について率直に話すことはできないなと感じてしまうかもしれません。「おとなどうしでなかよくしてるんだね」「チューしてて、なかよしなんだね」でも、いいでしょう。さらっと話せばいいのです。あまり押し付けがましく話すより、おとなの行為であることを語ればいいのではないでしょうか。もじもじして、ヘンな沈黙の時間よりもいいと思います。子どもとの生活のなかでは、ときとして、想定外の場面に出くわすこともありますので、ちょっとはこんな場面がきたらと、イメージトレーニングをしておいてもおもしろいかもしれませんね。性を語る引き出しをいっぱい持っていることで、子どもとのやりとりを楽しむ余裕ができるのではないでしょうか。

😊 究極の質問 おかあさんもセックスしてるの？

　あれ～ついにそこまで聞くようになったか！まあ、年長さんや学童の子どもでも意味を知ってではなく、素朴なことばの疑問として聞いているかもしれませんね。でも聞かれたら、どう答えますか？幼児期、学童期の子どもにとってセックスは"リアリティのある行為"ではありません。ですからどんなことを知りたいのかを子どもとのやりとりのなかで聞いてみてはどうでしょう。

　どこでそのことばを知ったのか、どんなイメージを持っているのかを聞きながら、「お母さんもセックスしてるの？」という素朴な質問をされたとしたら、「おとうさんとおかあさんはとっても仲良しだから、してるよ」「おとなになって、大好きになった人どうしがすることなんだよ。だからしてるんだよ」「それはね、おとうさんとおかあさんの大切なヒミツだからナイショだよ！」でもいいでしょう。

　ここで大切なことは、いいかげんに答えたり、はぐらかしたりしないこと

です。問いかけに誠実に応える姿勢を大事にしたいものです。

　そんな質問をきっかけに、性についてのとっておきのお話をしてあげてはどうでしょう。だんだんと性に関心や興味を持つ年齢になったんだなあと子どもの成長を喜びたいものです。同時に幼児期、学童期の子どもといえども、テレビやマンガ、アニメなどからさまざまな性情報のシャワーを浴び続けていることをみなくてはいけません。

　せっかくだから、そのときに「セックスというのはね、ふざけていうことばじゃなくてね、とっても大事なことばなんだよ。あなたが生まれたのは、おとうさんの赤ちゃんのもと＝「せいし」と、おかあさんの赤ちゃんのもと＝「らんし」がいっしょになって、あなたができたんだよ。せいしとらんしがいっしょになるために、セックスがあるんだよ。だから大切なことなんだよ」といったことをていねいに話してあげればいいのではないでしょうか。ここでは生理学的な説明でなくて、「あなたが生まれるために大切なこと」ということが伝えられればいいのです。それで幼児期の子どもは十分に納得です。

　そんな話のあとに、浅井春夫他編著、勝部真規子絵『あっ！そうなんだ！性と生』（エイデル研究所、2014年）、ロビー・H.ハリス著、マイケル・エンバーリーイラスト、上田 勢子訳、浅井春夫・艮香織監修『コウノトリがはこんだんじゃないよ』（子どもの未来社、2020年）、などを買ってきて、子どもに読み聞かせをしてあげてはいかがでしょうか。ことばで伝えるだけでなく、絵本などを使って、説明をしながらお話をしてあげられたらいいですね。おとなが性の問題にもちゃんと答えてくれるのだという実感は、それからの家庭での性教育をすすめていくうえでも大切なことなのです。こうしたとりくみを通して人生はじめの時期から子どもも性の話を科学の視点で学ぶことを体得するのです。性はエッチなこと、冷やかしで使うことばではないことを伝えておきたいものです。

Q 20 あかちゃんはどこから？（ボク・ワタシはどうして生まれたの？）と突然きかれたら

　いよいよ親・保育者の恐れていた？！質問が出てきましたね。赤ちゃんはどこから生まれるの？どうして生まれるの？ ボク（ワタシ）はどうして生まれたの？……こんなにストレートでなくても、この種の質問はいろいろな出され方をします。新たないのちが生み出されることには子どもなりの期待と不安がうずまいているのでしょうね。とうとうきたか、この質問……待ってました！とばかりに、あるいは躊躇して答える前に、ちょっと頭の準備運動をしておきましょう。性のお話が子どもからもできるということは、親・保育者への子どもなりの信頼があってのことなんですね。そうした信頼感を大切にしながら、子どもとのやりとりを楽しんでみましょう。

　この質問でだいじな点は、質問・投げかけのことばの真意、子どもの年齢、態度を見きわめることです。とりあえずはこのぐらいのパターンがあるでしょうか。実際には、これらの内容が混在していることも多いのですが…。

①本当にどのように生まれてきたのかを知りたくて、素直に聞いている場合

②弟や妹ができると、自分への愛情がそっちにいってしまうのではないかという心配があって聞いている場合

③自分が大切にされて生まれてきたことを知りたくて聞いている場合

④親との関係に不安をもつような心配があり、それで聞いている場合

⑤新しいことばを使ってみたがっていたり、あるいはふざ

けて言っている場合

　など、いろいろな質問の背景があることをみておく必要がありますね。実際には、①〜⑤の気持ちが重なっていることが多いのではないでしょうか。最近、おかあさんの愛情を感じていないことで、大切にされて生まれてきたかどうかを知りたかったのに、受精のしくみや出産のことを説明したのではまったくの的外れになってしまいます。過剰説明やピントをはずして熱心に話していたのでは、どんどん子どもは話に嫌気がさし、心はどこかに飛んでいることもあります。

　もうひとつ大切なことは、こうした質問に対して逃げないこと、事実と違ったことを教えないことが大切です。性のお話で絶対してはいけないことはウソやごまかしです。答えられないことには、「いまその質問にうまく答えられないから、もう少し待っててね。おあかさん（おとうさん、先生）がきちんと調べてから、お話するからね。とってもだいじでいい質問をしたね。いろいろなことに“これどうして？”と思うようになったんだね。さすが年長さんだ、すごいね」と、質問したことに成長を感じほめてあげましょう。

　いくつかの質問のパターンを踏まえながら、それぞれにどのように答えたらいいのか、そのポイントを書いてみます。

　①は、テレビなどで出産のシーンや大きなおなかの妊婦さんを見たりして、おなかのなかの赤ちゃんは、どうやって生まれてくるのかなと疑問をもつことは自然なことです。そんなときは、絵本を見ながら子どもとのやりとりを楽しみながら、話してあげればいいでしょう。「あかちゃんがもう生まれたいよ〜とサインを送って、お母さんとお父さんが○○ちゃんと会いたいと思って産んだんだよ。おぎゃーという産声（この言葉も説明してあげながら）を聞いたときはうれしかったなあ」と話してあげることもできるでしょう。

　②の場合は、たとえば弟や妹が生まれたときの子どもの不安は、妊娠中の親をみていて、生まれてくる子どものほうにばかり関心がいっていて、自分

は忘れられているんじゃないかという心配です。そんなとき、寝る前にゆっくりと話してあげたいものです。「あのね、愛情ってね、大好きな気持ちのことね、これからもうひとり弟か妹が生まれたらね、もうひとつ別のふうせんがふくらむように、○○ちゃんを大好きな気持ちとはべつに、大好きな気持ちがもうひとつできるものなんだよ。お父さんの大好きな気持ちを二つに切って分けるんじゃなくて、もうひとつのふうせんがふくらんでできるんだからね。○○ちゃんをだ〜い好きな気持ちは変わらないんだからね」

　ことばだけでなく、実際にいっしょに向き合ってあげることができるといいですね。家庭だとそういうことができるでしょうけど、保育園・幼稚園の保育者ではなかなかそうはいきません。お昼寝のときでも、ゆっくりと添い寝してあげられたらいいですね。子どものそのときどきの心情を大切にできるかかわり方が親・保育者に問われているのです。

　③の場合は、「○○ちゃんは、おかあさんのおなかのなかで栄養をもらって、だんだん大きくなって、生まれたんだよ」「おかあさんから赤ちゃんのもと(卵子：らんし)とおとうさんからあかちゃんのもと (精子：せいし) が合体して受精卵となって、あなたが生まれてきたんだよ。だからおかあさんから生まれても、おとうさんにも目（口、鼻、耳）はそっくりでしょう。おかあさんとおとうさんの大切な子どもなんだよ」という話をしながら、やりとりを楽しみましょう。科学的な内容を聞きたいということよりも、ゆっくりと親とのつながりを確認し体感することが子どもにとっては幸せなことなのです。

　④は、生まれてきたことを喜びをもって迎えられた存在であったことをしっかり踏まえて話してあげることが大切です。あなたを大切に思っていることを生まれてきたときのことや赤ちゃんのときの母乳やミルクを飲ませるときの工夫など、子どもとのかかわりを具体的に話してあげることで安心をすることもあります。もっとかかわってもらいたいなあと思っていることに応えてあげたいものです。

⑤の場合もときどきあります。「赤ちゃんはどこから生まれてくるの！」「セックスしたから赤ちゃんできたんだよね」（あくまでもまじめに聞いているときとは違う場合です）など、年長さんや学童期ぐらいになると、断片的でさまざまな偏見にまみれた性情報が子どもたちにも入ってきています。そんな純粋無垢な幼児や学童期というイメージとはちょっとちがうなあということもありますね。

　あまり悪気はないことが多いのですが、知ったばっかりの言葉を使いたがるのも、この時期の子どもの特徴でもあるのです。ですからあんまりむきになって、注意するよりも「セックスって、大切なことなんだからね、ふざけて言わないでね。大切な赤ちゃんがほしいと思ったときに、お母さんとお父さんがとっても仲良くすることなんだよ。赤ちゃんが生まれること、お話してあげるね……」と続けて話してあげたらどうでしょうか。

　「どこから生まれてきたの？」については、「とても大切なところだから見せてはあげられないけれど、赤ちゃんだけの通り道を通って生まれてきたんだよ」と話してあげて、もっと知りたそうであれば、絵本を使ってお話してあげてはどうでしょうか。

　考えてみると、おなかはどんどん大きくなっているのに、どこから赤ちゃんが出てくるんだろう？と疑問に思うのは当然です。よもや妊娠線を見せて、「ここが割れて生まれてきたんだよ！」と、おフロで説明なんかしてないですよね。私の子ども時代には、「橋の下でひろってきた」「木の股から生まれたのよ」（これは、人情を理解できない人のたとえで使われる言葉でもあります）「もらってきた」などということも真顔で話された子もいました。こんなことを話されたら、不安いっぱいになりますね。

　この時期の子どもたちは、性器や性交に関心を持っているのでなく、自らの存在を確認することで安心することが多く、プラスイメージをどこまで獲得することができるのかが大切なことなのです。

Q21 お父さんとお母さんは セックスするの? ─愛情を語るとき─

　無邪気に「お父さんとお母さんはセックスするの?」と聞かれたら、ビクッとしますね。それも家の外で、大きな声で言われたら……。他人の目を意識しながらどう対応すればいいのでしょうか。「セックス」という言葉は、幼児期の子どもたちにもテレビから耳に入ってきています。人間とくに子どもは新しく知った言葉や知識をすぐに使いたくなるもので、おとなたちがどんな反応をするのかを楽しんでいるふしさえあります。

　「セックス」というテーマを幼児期、学童期にどのように伝えるのか、なかなかむずかしい課題です。でもこのテーマは、恋愛、受精、妊娠、出産、快楽、中絶、HIV・エイズ、性買売、性暴力、性的虐待・性被害などのテーマに関わり発展させていく根幹に位置するものです。今回は、セックスというテーマに関わって、あえて「愛」「愛情」をどのように伝えていくことができるのかを考えることにします。

😊 このテーマは年齢別にていねいに

　人間は、抱き合ったり、キスをしたり、ふれあったりなどのさまざまな方法で性的な喜びを共有しています。したがって性行動を共有している関係のなかでは、性的な感情を表現し、コミュニケートするなどの多様なかかわりを持つことになるのです。それはときには人間関係を引き裂く暴力的な行為になり、他の人の意思を無視すれば、とってもいやな行為になることもぜひ伝えたいものです。

　「どうやって愛し合うの?」「セックス(性交)ってなあに?」「どうしておとなはセックスをするの?」「私もセックスするようになるのかなあ?」など、たわいもない言い方で子どもは聞いてくるものです。こんな質問がくることを心づもりしておきましょう。

2歳〜4歳の子どもであれば、ふたりの関係がお互い大切に思っていると
いうことを伝えたいものです。そのハッピーなふたりの関係から自分が生ま
れたことが確認できることが大切なのです。セックスは、自らのルーツの確
認としての意味を持っているのです。

　「セックスって、お母さん（ママ）とお父さん（パパ）が愛し合っていてね、
とってもうれしく寄り添って寝ることなんだよ」「それでふたりがすご〜く
なかよしだってことをわかりあうことができるんだよ」「○○ちゃんが見て
も、ふたりはしあわせそう、なかよしそうに見えるでしょ！」などと語るこ
ともできますね。

　でもふたりがなかよく見えないで、子どもが首を傾げるようであれば、パー
トナー関係のあり方をもう一度話し合ってみなければいけませんね。この時
期ですと、ふたりの関係を“見直し”“修正”することは、十分に可能性がある
ことですから！

　4歳〜6歳児であれば、もっと関係性の視点から語りかけてもいいですね。
そのうえで、出生の出発点になる行為であることを伝えられればいいのではな
いかと思います。絵本や図鑑なども見ながら話せればわかりやすくなります。

　「お母さんとお父さんがお互いの愛情を大切にするひとつの方法がセック
スといいます」「そしてね、男の人と女の人が赤ちゃんがほしいと思ってい
るときにするのがセックスでもあるんだよ」。

　4歳から6歳の子どもであれば、「セックスは、2人にとってしあわせで、
すてきな時間なんだ。セックスはいろいろな言い方があるけど、“せいこう”
というのが日本語の言い方なんだよ。性交は男の人のペニスを女の人のワギ
ナに入れてあったかい気持ちになるんだ。それで男性の精子と女性の卵子が
結合すると、それは受精といって赤ちゃんのはじまり（受精卵）になるんだ。
でもそれでいつも赤ちゃんができるわけではないんだよ」。

　セックスという用語を使うときのおとなの躊躇、視線、雰囲気などを子ど

もたちは見抜き、この言葉は使っちゃいけないのかなと感じるようになります。人間にとって大事な行為で、セックスがプラスイメージで受け取ることができるように語りたいものです。

☺ 「愛情」の語り方

SIECUS（アメリカ性教育・情報協議会）の「包括的性教育のためのガイドライン（第3版）」（2004年、36〜37頁）では、重要概念2：「人間関係」のなかでトピック3：愛に関して「愛（Love）とは、自分や他の人に対する深くてあたたかい気持ちを持つことを意味します」「人間は、両親、家族および友人に対し、異なった愛情表現をします」「人間は、それぞれの人生のなかで異なった愛情関係を体験することができます」（レベル1：幼少期5〜8歳）、「人間はいろいろな方法で他人に愛情を表します」「自分自身に肯定的な感情を持つと、愛情関係も高めることになります」（レベル2：思春期前期　9〜12歳）、さらに高学年では「恋愛関係のなかでは、お互いが個人として成長しようとします」「愛することは、危険を冒しやすく、傷つきやすくなるものです」（レベル3：12〜15歳）、「愛は、他人だけでなく、自分自身を理解することが求められます」「自分自身を愛することができると、他者を愛する能力がつきます」（レベル4：15〜18歳）などが、何項目にもわたって箇条書き的にあげられています。

「改訂版ガイダンス」の「キーコンセプト1 人間関係」の「1.2　友情、愛情、恋愛関係」の学習目標（5〜8歳）の「キーアイデア」として「人間関係はさまざまな愛情の形（友だちとの愛情、親との愛情、恋愛パートナーとの愛情など）を含むもので、愛情はさまざまな方法で表現することができる」ことを明記。「学習者ができるようになること」として「・愛情のさまざまな形や、愛情の表現の仕方を明らかにする（知識）」「・愛情はさまざまな方法で表現できることを認識する（態度）」「・友だち間で愛情を表現する（スキル）」（翻訳書、

77頁）などの諸課題が示されています。

　性教育で「愛」「愛情」を語ることに、あまり踏み込んでこなかったという反省が私にはあります。しかし子どもたちの性意識・性行動調査では、「愛情があればセックスしてよい」が多数あります。

　性交経験における愛情規範は依然として根強く残っています。「愛情規範は、性情報を取り入れないことで守られていた。そのなかで学校からの性情報だけは、愛情規範を強める方向に働いていた」ということができます。学校における性教育の実践的内容が社会にあふれる情報源の実際と大きくかけ離れているという側面があることを指摘できます。したがってこうした学校における性教育の特徴と機能について、再検討していくことが求められているといえます（石川由香里「青少年の性規範・性意識からみる分極化現象」日本性教育協会編『「若者の性」白書－第8回青少年の性行動全国調査報告』小学館、2019年、58－59頁、および『現代性教育研究ジャーナル』No.94、2019年1月参照）。「愛」をめぐる考えの多様性を自らの問題として考えてみる作業に子どもたちを誘うことが重要な課題ではないでしょうか。

😊 幼児期、学童期にセックスというテーマを扱う視点

　①おとなは、とっても好きな人、大切な人とセックスをすることで、とってもしあわせな気持ちになります。そのためにいろいろなタッチングをします。それはいやらしいことではないのです。②セックスは、赤ちゃんをつくる行為であり、「あなたがほしいと思ったときにセックスすることがある」ことも語りたいものです。③そのうえで、セックスとは言えない性行動として、性的虐待・性被害があることをしっかりと伝えることが現代的な課題としてあります。セックスについての質問、恐れることなし！ リラックス！ リターン！ リズミカル！ （ゆっくりと、ちゃんと返して、リズムよく）の3Rで対話を楽しみましょう。

Q22 子どもはキスしちゃいけないの？
―性行動へのアドバイス―

　保育園・幼稚園児が「○○ちゃんとキスしてしまいました。△△ちゃんご
めんなさ〜い」という場面などがテレビでよく映し出される番組がありまし
た。幼児期の子どもたちにとっては、キスってどんな意味を持っているので
しょうか。おとなの側の反応として「絶対ダメよ！」から、「幼児なんだから
そんなに目くじら立てなくてもいいじゃない？」まで、いろいろな考え方が
あります。

　「気もちい〜」「うれし〜」「たのし〜」「やっちゃった！」など、子どもたち
の反応はあどけなく、ほとんどセクシュアルな意味を持っていない行為と
いっていいでしょう。性的虐待を受けた子どもの性化行動の表れとしてのキ
ス・性行動の意味は別の機会にふれるとして、おとなや中高生にとってのキ
スとちがって、とってもなかよしの証しとでもいったものでしょうか。ふざ
けて男の子同士でチュッとすることもありますもんね。

😊 キスの文化を考える

　日本で最初にキスが描かれたのは、平安時代末期で日本最古の説話集「今
昔物語」と言われています。平安・室町時代から「口吸い（くちすい）」という
言葉が使われています。

　でも日本は"キスの文化"はほとんど暮らしのなかに根づいているとはいえ
ません。朝出かけるときに、パートナーとチュッとして家を出る家族はそう
多くはないでしょう。子育て期に入ったらなおさらですね。でもテレビでは
毎日のように目にするというのも実際ですから、キスの文化は日常文化とマ
スコミ文化という二重構造になっているといえます。

　適切なタッチングと人間の距離感を学ぶひとつのトレーニングとなるの
が、キスという行為でもあります。親しい関係でのキスでも、親子のキスと

恋人関係でのキスはその仕方—感情の込め方・表現方法、接触時間、キスをおでこ・ほっぺ・くちびるなどのどこにするのか—はおのずとちがいます。

　キスをする・されるとき、①合意・了解のとり方を知っておくことが大切です。その際に大事なことは、ことばで「キスしていい？」「キスしていいよ！」と言語的に確かめる方法を学ぶことが前提です。勝手な思い込み、相手の意思を確かめないで行う一方的な行為は暴力であるということは幼児期、学童期から学ぶべき課題です。②いやなときは、ダメ！いやです！　やめて！　…としっかり意思表示することが求められます。③さらに相手の表情や態度から、自らの行動にストップをかけることが大切です。合意のない、相手の了解の意思表示のないままで行うことは暴力となることを学ぶ必要があります。人がOKといっていない行為はやってはいけないことをしっかりと学ぶことです。人と人の適切な関わり方、とくにセクシュアルな関係と距離のとり方を考えるうえで、また性行動の共有の仕方を体得するという点でもキスは入門的な意味を持っているのです。

　キスは、コミュニケーション、タッチングからさらに親しい関係に入っていくときのステップということもできます。そうしたトレーニングもないままセックスへとまっしぐらにすすんでしまうことも少なくないのが実際です。あらためてキスについて、どう話せばいいのかを考えてみたいものです。

😊 キスについてどう話せばいいか

「ねえねえ、○○ちゃんと今日キスしたんだよ！」……「ふう〜ん、〜〜」。〜〜のところに、あなただったらどんなことばをいれますか？

　「そうなんだあ。○○ちゃんとすごいなかよしなんだね」

　「ふう〜ん、どうしてキスしようと思ったの？」「へ〜、キスってどんな気持ちだった」など、いろいろな展開があります。

　「…でもね、子ども同士はほっぺにしたほうがいいんだよ」「ありがとうの

キスもあるし、大好きだよのキスもあるし、気持ちがいいキスもあるね」「でもナイショのキスはもう少し大きくなってからにしようね」。

「お父さんやお母さんとは、ボク・ワタシはチュッというキスはしていいんだよね」「そうだよ、家族はしていいんだよ。でもね、いやなときはいやよ！いやだよ！というんだよ」。

「お母さんとお父さんもキチュするの？」「お父さんとお母さんがするのは、おともだちというだけでなく、とっても愛し合っているからなんだよ。だからとってもしあわせな気持ちになることができるんだよ」「ありがとうっていうキスもするし、大好きだよというキスもするんだよ。お父さんとお母さんだけの時間にキスすることもあるんだよ」。

ありがとうというお礼の表現としても、家族のなかでチュッとすることもあっていいですよね。どんなときにキスしてもいいのか、どんな相手とはしないほうがいいのかなど、キスについて話してみることもいいでしょう。

「でもね、おともだちとは口と口のキスはしないようにしてね。キスでうつる病気もあるんだよ。なかよくするのは、お手てをつなぐことでとってもなかよしという意味があるんだよ。おとなが握手しているでしょ。あれはなかよしになろうねということなんだよね」

こんな感じで日常的な性行動としての入り口であるキスについて、フランクに語ることができるといいですね。

😊 キスのことでちょっと補足

「キスでうつる病気」について、ちょっと補足しておきますと伝染性単核球症（キス病）があります。ヘルペスウイルスの種類でＥＢ（エブスタイン・バール）ウイルスの感染で起こる病気です。キスによる感染が多いので、アメリカでは「キス病」と言われています（キスや飲み物の回し飲みなど、口からの感染が多い）。日本では小児期に感染している人が多く、症状のないまま抗

体ができていることが大半です。倦怠感（だるさ）、38度以上の発熱、のどの痛み、首のリンパ節のはれ、湿疹、肝臓や脾臓の拡大、肝機能異常などがあります。再感染はしませんが、ヘルペスと同じように免疫力が低下した場合、発病することもあります（STD研究所HP参照　http://www.std-lab.jp/stddatabase/db018.php）。現在では新型コロナウイルスもあります。

　性的な関心が高まってくる思春期に関してこんなデータがあります。産婦人科医・家坂清子著『娘たちの性＠思春期外来』（日本放送出版協会、2007年）によれば、キスからセックスへとすすむことに慎重な子とそうでない子の差は、"家庭の楽しさ"にあるということです。キスまでならばOK、それ以上はまずいと考える子どものちがいは"家が楽しい"と思えるか思えないかのちがいだと指摘されています。家庭そのものが自分の居場所であると実感できていることも、あなたがいるから家族がしあわせと伝えることが子どもの自己肯定感にとって重要な意味を持っているのです。家族のなかで暮らすことが"楽しい"と実感していることが子どもの暮らしには必要なことなのです。そう思える対話・コミュニケーションや心地よいボディタッチ、笑顔のなかの思い出があることが大切なことなのです。子どもの性行動のすべてが家庭との関係で説明できるわけではありませんが、低年齢の子どもであれば、なおさら大きな意味を持っているといえるのではないでしょうか。

　さて最後に、こんなキスに関する格言を紹介します。

　手の上なら尊敬のキス。額の上なら友情のキス。頬の上なら満足感のキス。唇の上なら愛情のキス。閉じた目の上なら憧憬のキス。掌の上なら懇願のキス。腕と首なら欲望のキス。さてそのほかは、みな狂気の沙汰。―「接吻」（1818年作）―（オーストリアの劇作家・詩人で悲劇「サッフォー」などの代表作があるグリルパルツァーの格言）

　さて、あなたはどんなキスをしていますか？

Q23 立ってオシッコができるよ！ （スカートがはきたい！）

😊 ワタシ立ってオシッコができるよ！

　子どもはいろんなことを言い出しますよね。女の子が「立っておしっこをしていい？私できるよ！」「立っておしっこしてもいいでしょ！」と言ってきました。さあ〜て、あなたはなんて答えますか。

　「男は立ってして、女はすわってするものなのよ！」「どうして女はすわらなきゃいけないの？ワタシ立ってでもできるもん！」「でもね、女はすわるように便器が作られているでしょ！」（わからない子だなあ！！）でも幼児期の子どもは、ちょっとしたちがいに興味・関心をもって、やりたがるものなのです。チャレンジ精神のかたまりのような存在です。ですから子どもとのやりとりを楽しむくらいの余裕をもったほうがいいでしょう。だいたい女の子が立ってするって、やりにくいことはすぐにわかるはずですから。

　「ワタシ立っておしっこしたい！」と言うことがあったら、こんな言い方もできるでしょうかね。「男の子はホースがついてるから、まっすぐに飛ばせるでしょ。でも女の子はホースがないからまっすぐ飛びにくいのね。だからちゃんと他に散らないようにすわってしてるのよ。でもウンコは男の子もすわってするよね。立ってしないほうがいいときは、男の子も立ってはしないよ」。子どもがどんなことを言っても、おとなに返してもらえる応答関係が子どもたちとの信頼をはぐくんでいくのです。

　スウェーデンの性教育の絵本『ロッタと赤ちゃん—スウェーデン・幼児からの性教育—』（香匠庵、1986年）では、女の子が立ってオシッコをしている写真が出ています。女の子もこうやってできるんだよ！と誇らしげに股を開いてしています（でもこの写真は、いまでは子どもポルノになってしまいますね）。立ってオシッコしてみたいという欲求は、この時期の女の子はもっ

ているものなのですね。

　ダメ！っていうよりも、座ってするほうが安全で安心であることを知り体得するようになります。立ってするとしたら、全部脱がなくてはなりませんしね。不便でもあります。でもワタシも男の子と同じようにしてみたいという欲求は、性（別）を意識するひとつの表れとしてみれば、自他の性を意識しはじめた発達として捉えることができます。

　もっとも最近では、「アナタは便器を汚すから、おしっこもすわってしなさい！」とキツ〜イお達しを受けている男性諸氏も多いとか？だいたい男は便器を汚しやすいのです。だから便器をもし汚したなら、きれいにすることもちゃんとできるように教えたいものですね。身辺的自立の課題として、排泄の仕方のトレーニングとともに、自分が汚した便器は紙で拭くなどして元のようにすることぐらいは教えておきたいものです。幼児期に教えてあげないと、もう排泄は個室の領域になりますから、教えられなくなります。

☺ ボクもスカートがはきたい！

　もうひとつは男の子がスカートをはきたがることもよくありますね。男の子がスカートをはきたいと言ってきて困るという質問をときどき受けることがあります。ある保育園では男の子用に自由にはけるスカートを用意し、いつでも貸してあげられるようにしていますということを聞きました。それで納得して、そのうち飽きてしまうようです。

　男がスカートをはくことは、スコットランドでしたか、バグパイプを吹く男たちがスカート（正式な名前はキルト（kilt）で、男性が腰に巻いて身につける服のことです。）をはいて演奏している姿をテレビなどでときどき見ますよね。でも実際には男性が女性の服装をすることはほとんどありません。ちなみにこの衣装を着るときは下着をはかないそうですよ。

　反対に、もともと"男の中の男"のカウボーイのGパンを女性がはくことが

一般的になっています。服装における男女の越境はすでに女性から男性へとなだれを打って押し寄せています。女性が男性の服を着てもおかしくなくなっているのですが、男性が女性の服装をすることはまだまだハードルが高いのが実際です。

　さて「ボクもスカートをはきたい」と言ってきたら、「どうしてタカシ君はスカートをはきたいの？」と聞いてみて、そこでいろいろなことをいうかも知れませんし、黙ってしまうかもしれません。はいてみたいという欲求にはあまり理由はないでしょう。女の子だけはいていて、自分もはいてみたいなあといった感じではないでしょうか。

　はいてみて、「どんな感じだった？」と聞いてみてもいいでしょう。納得して、それで満足する場合もあります。思い出したように、はいてみたいとまた思うかもしれません。

　スカートは、歴史的にみれば女性が活発な動きをできないようにするための服装という要素があり、反対にロングドレスよりも活動的な服装でもありました。でも活動的であれば、パンツが見えてしまいます。ですからおしとやかな動作を求めるために作られたという面があります。

　スカートを嫌がる女の子もいます。そんなときは無理強いせずに、子どもに自分が着たい服を一緒に選ぶようにしてあげたいものです。そのなかで自分にあった服装を見出していきます。流行に乗るだけでなく、自らが似合う服を選ぶ力を幼児期からはぐくんでいきたいものです。わが娘は、保育園の年少さんの頃はスカートをはくのをすご〜く嫌がって逃げまくっていました。だから当時の写真をみると、ほとんどが短パン姿です。でもあるとき、ステキなスカートをはいてみて、急にキャッキャッとうれしそうに飛びまわっていたことを思い出します。それぞれの成長のプロセスで男女二分型を受け入れないファッション感覚をもつことを尊重して、子どもたちの成長をみておきたいですね。

イギリスでは乳幼児の服装について、ジェンダーフリーの視点を大事にしてファッションを創作していくことに企業も取り組んでいます。

幼児期、学童期から、ファッションセンスの柔軟性を自分らしい好みを見つけていくことを大切にしてあげたいですね。

「スカートをはきたい」「スカートはきらい」などの服装についての欲求の表れが意味することを簡単に整理してまとめとしましょう。

①自分に似合うのはどんな服装であるのかを自らが考えられるようになった発達の表れとしてみることができます。服装を通して自らを見つめてみるといった成長のワンステップでもあるのです。チャレンジとジグザグにゆっくりと付き合えるおとなでありたいですね。

②3歳ぐらいでは、性別に関する自己認識（ジェンダー・アイデンティティ）が形成されてきます。性自認（自らの生物学的な性差を受け容れている度合い）を考え自らのものにしていくためのトレーニングともなります。無理に方向づけるよりも自然に選んでいく力をはぐくみたいものです。男女の服装のパターン化の問題をおとなたちが考えてみてもいいのではないでしょうか。保育園、幼稚園、こども園、学童保育の現場で議論してみたいですね。

③どんな服装を選ぶのかは、セクシュアリティ（自分らしい性のあり方）のことを考えるひとつのきっかけにもなります。否定的な見方ではなく、こんなカンジなんだということを知っておいていいでしょう。幼児期、学童期にはちがいを知ることとともに、異性も自分と同じところがあることをもっと知ることがあっていいと思うのです。「あんまりボクとちがわないんだな」と思えれば、それでいいのではないでしょうか。人生はじめの時はいろいろなことを探索し、自らの意思表示をしはじめる最初の時期なのです。そんな幼児期、学童期の特徴を大切にして子育てのなかのハプニングを楽しみましょうか。

Q24 ボク（ワタシ）を使いたがる子には、こんなことばかけを
―ことばのなかのジェンダーを考える―

　ボク（オレ）とワタシ（アタシ）を使えるようになることは、自我の芽生えを意味しています。その際、男の子がワタシを使ったり、女の子がボクを使ったりすることもときどきあります。それは子どもの発達の柔軟性・可能性でもあるのです。

　しかし3歳をすぎた時期に、ジェンダーの刷り込みが確実に見えるようになります。それはことば、態度、行動（あそびの内容）などによって、男女の差が目立ってくるようになります。特にことばについては、女性（女の子）は、女らしい、上品でていねいなことばを使うべきで、男性（男の子）は、男らしい、下品で荒っぽいことばを使っても許される存在であるといったことばのダブルスタンダードがあります。

　それは変身願望とともにさまざまな自己像の形成へのチャレンジという面があります。自分が自然に表現しやすいことばを探していると同時にまわりの反応によって、どのことばを使うのかを選んでいくようになるのです。

　したがってテレビやマンガ、家庭でのコミュニケーション、保育園・幼稚園などでことばのシャワーを浴びながら、ことばを身につけていくことになります。その学びのプロセスでことばとマッチしたふるまい方を徐々に身につけ、ことばによって自らと相手の行動をコントロールし、方向づけていくようになるのです。

　ことばには周辺言語といわれる助動詞なども大きな意味をもっています。言語には、音声として発する言語的コミュニケーションと、表情や身ぶり・手ぶりなどの非言語的コミュニケーションがあります。後者が意外と相手に与える影響としては大きいのです。

☺ ことばにみるジェンダー

　そういう点では、ことばは向けられる相手との関係や自らが置かれた状況や力関係、社会的メッセージなどが反映しています。ですから男→女関係におけることばづかいには、指示・命令、強いお願い、断定・決め付けなどのことばが少なくないのです。

　ことばのなかの男女差、男ことばと女ことばは、どの時代から使われるようになってきたのでしょうか。城生伯太郎著『日本語ちょっといい話　話しことばの言語学』（創拓社、1991年）によれば、万葉集や源氏物語を分析してみても、ことばの男女差はそれほど顕著ではなく「日本語におけることばの男女差が、いつ頃から生じたかといえば、だいたい中世の鎌倉時代以降のことなのである。ことに江戸時代になってから、男女の地位の差が社会構造的にかなりやかましく区別されるようになるとともに並行的にことばの男女差が現われるようになった」と紹介しています。

　女性は優しく、物腰が柔らかく、自分の意見を強く言うことは否定的であることが求められてきました。だからことばの最後に「わ」「よ」「ね」などを付けて、主張を和らげる必要がありました。男性は「だ」「だよ」「だぜ」などを使うことも多かったのですが、最近ではあまり耳にしなくなりました。反対に女性ことばとして使われてきた「の」は、男女共通に使われるようになってきています。そうした方向をことばのボーダレス化とみることもできますが、一方で、語気の強さ、イントネーションのちがい、そもそもの話題の取り上げ方などを考えてみますと、ことばのなかのジェンダーは現代的な残り方をしているといえます。

　幼児期、学童期にことばを通して刷り込まれるジェンダーについて、保育・子育ての問題として考えてみてもいいのではないでしょうか。

⊙ ことばによるジェンダーの刷り込み

「女のくせに」といったことばはさすがに使われなくなってきましたが、でもホンネのところでは、そんな気持ちがあるので、「女の子なんでしょ！」「女の子はね～」「女の子だったらね」などのことばかけが発せられることはありませんか。男の子に対しても「男でしょ！」「男の子なんだから」などのことばもありますが、実際にはおとなから発せられることばでは、女の子へのジェンダーの刷り込みことばのほうが多いのではないでしょうか。

女性があまり使えないことばの形式として、助動詞の使い方には大きなちがいをみることができます。①断定のことば（こうやるんだよ）、②話す側の意志を表わすことば（そうしよう）、③禁止のことば（するな！）、④相手にやらせることば（やるのが当たり前だろ）などがあります。実際、男が使うことばのなかには、こうした種類のことばが多いのではないでしょうか。その点で、指導者に女性が圧倒的に多い保育園・幼稚園で、どのようにことばを意識して使うかについて実践的課題として考えていきたいものです。

それと特に女性にだけ「美人教師」「美人大学教授」などは使われますが、私の場合"美男大学教授"などと書かれたことはありません。それはムリというものか！でも芸能人以外では男性にはなぜ"美"をつけられることが少ないのでしょうか。

ことばのなかの"らしさの文化"を分析した調査では、「男らしさ」は"知性"と"力"、「女らしさ」は"美"と"従順"に集約されるというものがあります。たしかにこうした"らしさ"に方向づけられているといえるのではないでしょうか。そして美も時代によって操作されている価値観や感覚であるということができます。

☺ おとなの使うことばもチェックを!

　以前、児童養護施設でしごとをしていたとき、乳児院から2・3歳児で入居してくる男の子たちの多くが女ことばを使っていました。乳児院の職員は、看護師・保育士で圧倒的に女性です。ことばを獲得していく過程で、すでにジェンダーによることばの選択がおこなわれているのです。それはある意味で、おとながどのようなことばを使っているのか、子どもへの語りかけで男女によるちがいを意識して行うのかどうかによっても、影響が相当あるということにもなります。

　ことばのなかのジェンダーを考えることは、ことばの制限や禁止をめざすのではなく、気持ちのいいコミュニケーションができる人間関係をはぐくむための実践でもあり、生活レベルでの両性の共生関係を創っていくとりくみでもあるのです。

　ことばのなかのジェンダー・チェックとして、①性のちがいを強調して使っていることばはないかを見直してみよう、②違和感をもったことばについて、どんなのがあるかを取りあげてみよう、③おとな同士の会話で、女―男、女―女、男―男によって、使うことばにちがいがあるか、気軽に考えてみてはいかがでしょう。

　人生はじめの幼児期、学童期に、ことばについて女の子は注意されることが多いのに対して、男の子は乱暴な言葉遣いをしてもあまり注意されないで、大目に見られていることがあるとすれば、もう一度、保育・子育てのなかのジェンダー問題として、ことばについて考えてみたいものですね。今回のテーマ「…こんなことばかけ」については、主語はちょっと気にして、それに続く述語を受けとめてあげればいいのではないですか。

Q25 大きくなったら、ワタシも 赤ちゃん生むの? ──ワンパターンではない人生を語る

「大きくなったら、ワタシも赤ちゃん生むの？」。こんなことをたずねられたら、どんな答え方ができるでしょうか。いま子育て中の両親、シングルのお母さん・お父さん、妊娠中のあなた、未婚の保育士さん、実習生……どんな話を子どもたちにするのでしょうか。あなたらしいストーリーを考えてみませんか。

😊 結婚しても子どもは必要ない?!

内閣府が「男女共同参画社会に関する世論調査」(2019年9月調査、同年11月15日発表)で、「夫は外で働き、妻は家庭を守るべきである」という考え方について、どう考えるか聞いたところ、「賛成」の割合が35.0％（「賛成」7.5％＋「どちらかといえば賛成」27.5％）、「反対」の割合が59.8％（「どちらかといえば反対」36.6％＋「反対」23.2％）となっています。

前回（2016年）の調査結果と比較してみると、「賛成」（40.6％→35.0％）の割合が低下し、「反対」（54.3％→59.8％）の割合が上昇しているのです。

性別に見ると、「賛成」の割合は男性で、「反対」の割合は女性で、それぞれ高くなっています。年齢別に見ると、「賛成」の割合は70歳以上で、「反対」の割合は18〜29歳、30歳代、50歳代で、それぞれ高くなっているのが現状です。

わが家は3人の子どもがみんな成人になってしまいましたが、たしかに育てることには大変さがつきまといます。でもなぜ子どもを産むのかと考えれば、2人で生きるよりも、3人、4人…で生きたほうが苦労は確実に多くなるけど、それにもまして喜びも多くなるということもあります。その点では子育ては"あきらめ"なくてはならないと思うのです。あきらめるとは、仏教用語でいえば、"明らかにみきわめる"ことです。私なりの表現をすれば、「こ

の子と出会えてよかった！」と思えれば、それでいいのではないでしょうか。そういう親子関係のなかの出会い直しができればいいなあと思うのです。そう楽観的なことばかりではないことも重々承知しているつもりですが……。

　そういう出会い直しを保障していくためにも、同調査で行政への要望として「子育てや介護中であっても仕事を続けられるよう支援する」という回答が、58・0％と大きな声となっています。

　子どもを産む産まないは人生の大きな選択のひとつです。身近なおとなとして、こんなはじめての問いかけに、ファーストアンサーはどうあったらいいかを考えてみましょう。

☺ どうしてそう思うのかな？

　でもこの子はどうしてそんな質問をしたのでしょうか。「ワタシも赤ちゃんを産むの？」と聞かれたら、「どうして赤ちゃんを産むことが心配なの？」「なんで聞きたくなったのかなあ」など、その問いの後ろにある気持ちや感情を聞いてみてあげてはどうでしょうか。

　もしかしたら、テレビなどで出産シーンを見て、赤ちゃんを産むのは痛そうと思っての質問かもしれません。育てるのはタイヘンそう、ワタシも大事にしてもらったのかなあと思っての問いかけかもしれません。あるいはお母さんやお父さんを見ていいなあと思ったこともあるのかもしれないなど、いろいろなことがあるのでしょうね。女の子はこうあるべきという"ジェンダーの刷り込み"が入りつつあって、そのことへの何らかの疑問でもあるのかもしれませんね。「女の子だけタイヘンそー」とちょっと感じたのかも…。

　そんなとき、質問の真意から外れることのない答えを返したいものです。

　子どもとのやり取りをしながら、赤ちゃんを産むのはいやだなあということであれば、お母さんの経験をしゃべってあげたらどうでしょう。

　「○○ちゃんを産んだときはね、はじめてでとっても時間がかかったの

よ。"じんつう"といってね、これからワタシが生まれるよという合図をお母さんにおくってくれてね、それから少しずつあなたが出てきたんだよ。おなかがギューと痛くなって、あなたが生まれる準備をだんだんしていくんだよ。そして○○ちゃんもおなかのなかで細い赤ちゃんの通る道をがんばって出てきて、オギャーって生まれてきたんだよ。そのときあなたの顔をみて、すご～くうれしかったんだ。そのときはやっと朝になったときで、顔をあわせたときに、あなたはお母さんをギョロっと見たような気がしたよ。じんつうってとってもうれしい痛さなんだよ！○○ちゃんはどうするのかなあ。おとなになって自分できめてちょうだいね」。

「おとうさんは、おとこで産めないけど、産んでみたいなあと思ったことあるよ。だってお母さんがとってもしあわせな顔して、あなたがいつ生まれてくるかなと楽しみにしていたんだよ。赤ちゃんを産むということは、お母さんもお父さんも、とってもうれしかったんだよ。生まれる前のおなかにいたときからず～と○○ちゃんのこと、大好きなんだよ」。

こんなメッセージを子どもに送ることはできるのではないでしょうか。

☺ 産む産まないは自分で決めること

人生にはいろいろな分かれ道＝選択肢があります。①結婚（法律婚、事実婚）をするしない、②子どもを産む産まない、③自分・自分たちだけで育てるかその他の人や保育所などを活用するかどうか、④共働きかひとり働きかなどの選択肢があります。自分で決めることができる場合とそうせざるを得ないといった現実もあります。長い人生のなかではもっといくつものバリエーション、組み合わせがあるでしょう。共働きといっても、正規雇用だけでなく、派遣やアルバイトなどのいろいろな組み合わせだってありますよね。

こうした問いかけへの答え方は、ジェンダーに敏感な問題意識を子どもにはぐくむために、何をどう語ったらいいのかという練習問題でもあるのです。

「女の人はみんな産まなければいけないということじゃないんだよ。○○ちゃんが産みたいな〜と心から思えるようになったら、産めばいいんだよ。女の人で産まない人もけっこういるしね。自分で決めることで、結婚している人はふたりでこうしようって相談して決めることもあるんだよ」。

「○○ちゃんは、お母さんやお父さんをみてて、"けっこん"ってどう思う？」

「好きな人が一緒に住むこと！」

「そうだね。好きな人が一緒に住んでいることだよね。好きな人同士が住んでいたら、楽しいよね。お父さんとお母さんは楽しそうに見える？」

「うん、ときどきね。だってお父さんがいばっているんだもん……。」反省〜。

この問題でのコミュニケーションのポイントをいくつかあげておきましょう。

本当は何を聞きたくて発している問いかけなのかをきちんと受け止めることがまず大切です。幼児期、学童期の子どもたちとのコミュニケーションは、明確な答えを示し、ワンパターンな答えを言えばいいのではなく、対話を通していろいろな考えを交流することを大切にしたいものです。

女の人は子どもを産むことができるようになるけれど、みんな産まなければならないということではないこと、自分のことは自分で決めることをこの問題でもしっかり伝えましょう。

おとなの経験で、子どもを産むことの大変さもあったけど、楽しさもいっぱいあったことを自分の体験から具体的に伝えてあげたいものです。子どものエピソードを交えて語ってあげたら、ニコニコ顔で聞いてくれるのではないでしょうか。

こうした質問をしてきたときは、「私は〜思う」ということを、自分のことばで語ってあげたいものですね。最初のジェンダー問題への答えに子どもたちはどのように耳を傾けてくれるのでしょうか。性のお話は、話す側が楽しむことがポイントです。そもそも対話や語り合いは楽しいという経験を、子どもたちと重ねていく、ステキなコミュニケーションなのですからね。

Q26
あたらしいお母さん（お父さん）がきたんだよ（うちはお父さんと二人なんだ） ―離婚と家族を考える―

　2019年の離婚件数は20万8489件で、婚姻件数は59万8965件ですから、統計上の計算で単純にいえば3組に1組は離婚をしているという計算になります。離婚はあくまでもおとなの二人の夫婦関係の解消なのですが、実際には子どもたちがつらい思いをしていることも少なくありません。DV（家庭内暴力）が行われているところには、子ども虐待が潜んでいることもよくあります。幼児期の子どもたちの特徴として、幼児的思考といって身の回りに起きていることを自らに関連づけて考えてしまう傾向があります。つまり親たちの離婚を自分のせいではないかと考えてしまうこともよくあることなのです。

　親の離婚問題を幼児期の子どもたちに話し、おとなの関係について客観的に理解することは発達的にかなり困難な面があります。幼児期は発達の段階としては具体的思考が中心の時期であり、目の前の事実こそがすべてなのです。だから親の事情をわかってほしいと思っても、そう簡単ではありません。

　子どもたちにとっては、両親はそろっているのが、"当たり前"であり、離婚をして一方の親が家を出て行けば、その親から「自分は見棄てられてしまった」と思い込んでしまうことも少なくありません。親はやっと離婚ができて、ほっとしているかもしれませんが、子どもにとっては仲のよかった（と思っていた）親が別々に暮らすことに、大変な不安を抱くことになります。親が法的な関係を解消しそれぞれの人生を仕切りなおすことと同時に、大切なことは、離婚というおとなの行為を子どもの立場と気持ちにそって考えてみようという親の姿勢が問われています。それが親としての離婚にともなう責任でもあるのです。

☺ 子どもに正直に話すことが大事

　親としては話しにくい問題が離婚のことですね。自分たち親のことで、子どもに迷惑をかけてしまっているという心境にもなっていたりして、どう話すべきか、いや話さないほうがいいのか、迷ってしまいます。

　とくに幼児期や学童期の子どもたちへの説明は、なかなか言葉では伝えにくい問題で躊躇してしまいますね。なぜ別れることになったのかをできるだけ正直に話してあげることが大切です。子どもだからわからないと考えるのではなく、子どもにとって大切なことなのだから、わかるように説明をすることです。そうでないと、親の離婚で別れた一方の親に棄てられたと感じて、自らの人生を失望してしまうこともあるのです。

　できれば、両親が一緒に子どもに話してあげることができれば、一番いいですね。幼児期や学童期に一度だけ説明すればいいのではなく、子どものこれからの人生で何度も親の離婚を考え捉えなおしていくことにもなります。ここで大切なことは、離婚についても子どもに誠実に説明できる親としての姿勢なのです。離婚に関しても、聞きたいこと、知りたいことは親と素直に話ができるということを大切にしたいものです。

　離婚にともなう避けたい言動について補足しておきます。子どもに心配をかけないようにということで、「お父さんとお母さんは、あなたが大事だから、別れることにしたのよ」などは、あいまいであるだけでなく、子どものせいになってしまう説明です。子どもの前でののしりあうことはしないこと。子どもを取り合い、子どもを人質にしての離婚交渉はしないこと。相手を一方的に非難し攻撃するようなことはしないこと。これは子どもを離婚の荒波に巻き込み、心理的なダメージを与えることにもなります。

　夫婦は別々に暮らすことになるけど、親子の関係は変わらないことを子どもにわかるように伝えてあげたいですね。

😊 あなたのせいじゃないよ！

　子どもは、離婚を自分のせいだと思っていることも少なくないので、ふたりが別々に暮らすようになることについて、きちんと幼児期、学童期の子どもにも丁寧に話してあげましょう。

　①あなたのせいで離婚をするのではないこと、②あなたと3人（4人〜）一緒に暮らせるように努力したけれど、ふたりの気持ちがそうはならなくて、自分を大切にするために別々に生きようと決めたこと、③これからの親子関係をどのようにつくっていくのかを丁寧に伝えてあげることが必要です。そしてできるだけ子どもとの時間を大切にして、毎日、子どもと話をする時間を持つようにすべきではないでしょうか。

　①に関しては、自分のせいで離婚したと思い込んでいる子どもは、自己否定感を強く持つことにがあります。あなたのことが原因で、離婚するのではないことをはっきりと伝えることが大切です。自分が「よい子」になれば、もう一度共同生活をするだろうと考えてしまいやすいことも注意しておきたいところです。

　②について、別れて暮らすことになった理由を説明することに関して、親は相手の非を責めあうこともあります。どちらか一方がすべて悪いように話すこともあります。どうして一緒に住めないかの理由を話すことが基本で、そのうえであなたのことをふたりとも大切に思っていることを具体的に心をこめて伝えてあげたいものです。

　③は、「これから親は別々に暮らすけど、あなたのお父さん（お母さん）であることは、ずーとこのままだからね」と話してあげることです。子どもの不安でもっとも大きなことは、これからの親とのかかわりはどうなるのかということです。もう会えなくなってしまうのではないかという恐れです。できれば、「お誕生日には必ずプレゼントをするからね」「ク

リスマス (夏休み、お正月…) には会えるようにするからね」など、具体的な約束をしてあげることが必要です。その約束を果たすことが離婚に関する親の責任でもあるのです。

☺ 新しい家族ができることについて

子どもは離婚した親がまた一緒に暮らすようになってほしいと願い続けているものです。しかし一方の親が再婚あるいは別に共同生活をするようになれば、その願いは断たれてしまいます。子どもは父 (母) 親の存在を求めているのですが、新しい親の存在をすぐには認めようとしません。

時として、新しい親を困らせる行動をとることだってあります。それはある種の新しい生活をつくるための親への試験観察 (この人はちゃんと自分のほうを見てくれているのか、心配をしてくれる人かなどの試し行動) をすることもあります。

再婚に関して、気持ちの動揺をできるだけ軽減させてあげることとともに、この事態をプラスにかえていくことを考えて子どもに関わっていきたいものです。引越しで新たな生活を迎えることにもなる場合には、①できるだけこれまで慣れ親しんだ寝具やおもちゃを使えるようにしてあげること、②これまで以上に、ふたりの時間をとって、不安を取り除くこと、③相手にも子どもがいて、一緒に生活するようになっても、あなたへの愛情は減ることはないのだよということを態度で示してあげたいものです。④別れて暮らす父親 (母親) との面会も、子どもが望むのであれば、できるだけ確保してあげることが必要です。会いに行くことをいやな顔をしないで送り出し、迎えてあげることにも配慮が必要です。大切なことは、新しい暮らしが子どもにとって、安心できて、楽しく、続けていくことができるようになることなのです。子どもがのびのびと暮らせることを新しい親ともう一人の親もおとなの責任で考え協力できるような成熟した離婚ができるように努力したいものです。

Q27 おチンチンを見せる人がいたんだ！
―性犯罪から子どもを守る―

「ねえ、ねえ、おかあさん、公園でね、おチンチンを見せる人がいたんだよ！」。遊びから帰ってくるなり、そんなことを言ってきました。さあ、どうしますか。

まずはおとなが落ち着いて、しっかりと子どもの口から事実を聞き出すことが大切です。

「いつのこと？」「さっき遊んでいたときに、ボクたちの前に来て、おチンチン出したんだよ」

「どんな人だった？ひとり？何歳くらい？髪の毛は？着ているものは？車・自転車？…」などをゆっくりと。

「何か言ってきた？」「はじめはだまっていたよ。でもずっとこっちを見てて、こっちおいでと言ってたよ」「それで○○ちゃんはどうしたの？」「何もしゃべらないで、走って帰ってきたよ」

子どもから話を聞いたら、「きちんと話せたねえ。えらいよ。ヘンだなあと思ったら、今日のようにすぐにお母さん（お父さん、センセイ）にお話してくれるんだよ。お母さんがいないときは、となりの○○さんに言うんだよ」（父母がいないときは、だれに助けを求めるのかも、家族のなかで教えておきたいですね。近所で防犯のとりくみとして地域自治会で話し合っておくことが大切です）。

😊 性的虐待者をどう教えるか

そうした「性的虐待者」（小児性愛者：ペドファイル、加害者、犯罪者、変質者など、いろいろな言い方があります）のことを子どもたちにどう教えたらいいのかも難しい問題です。スウェーデンでは以前は「病気の人」と言って教えることもありました。特定の人への偏見を植え付けないためにも、そ

して「へんなおじさんについていっちゃダメよ！」という声かけでは、子どもにとっての身を守るためのメッセージとはまったくなっていません。へんなおじさんって？どんなおじさんかわかりませんね。見知らぬ人の場合、実際の性的虐待の加害者は、"ふつうの人"で、男性ばかりとは限りませんし、年齢も中高生から若者、壮年から高齢者までさまざまです。被害を受ける場所も公園などは実は死角で、被害を受けやすい空間なのです。親がいないことを確かめて、家に押し入ってくることもあります。

　ですから「知らない人には絶対ついていってはダメ」「知らない人がこっちへおいでと言っても、行ったらダメなのよ」ということを繰り返し教えてください。ポイントは「知らない人」です。

　ここまで「知らない人」への注意と対応を中心に説明していますが、実際の性的虐待者は「知っている人」（教員、スポーツ指導者、学習塾講師、家族・近親者、地域の顔見知り、保育者、学童保育指導員、習い事の指導者など）が多いのです。したがって大事なポイントは、どのような行為をしてくるのかを踏まえて、対応方法を考えることが大切なのです。一人の性的虐待者は私たちが予想している以上に多くの子どもをターゲットにしているのです。ひとつの事件が発覚したら、その何十倍もの事件が潜んでいるのです。

😊 こんな声かけをしてくるんだよ

　幼児期や学童期の子どもたちには、できるだけ具体的なことばで、こんなことを言ってくる人、する人には「いやだ！やめて！」と言って、その場から走って立ち去ることを繰り返し教えてください。「気をつけるんだよ！」と言うだけ言ったからということで、おとなが安心していてはなんの役にもたちませんね。

　「こんなことをいってくるんだよ」……車に乗せてあげるよ。お菓子あげるから写真とらせて。○○さんの家・△△幼稚園はどこ？お母さんがさっき

車にひかれた！病院に車で連れて行ってあげる。おじさん（おにいさん、お
ばさん）の家で○○のビデオ見ない。この犬（写真を見せながら）さがしてる
けどいっしょにさがしてくれない？おなまえを教えてくれる？お金ほしくな
い？何か買ってあげようか。パンツくれたらあげるよ。ちょっとでいいから
さわらせて。アンケートに答えてくれる？ちょっと話をきいてくれる？そん
なことしてたらケイサツにつかまるから、こっちに来なさい！などなど、実
際に使うことばを教えてあげることが大切です。

　実際に最近の埼玉県警察がまとめた不審者情報では、①自転車に乗った
70歳くらいの男から、女児が「アメあげるからついてきて」と言われること
があった、②50歳くらいの男が、歩いている小学生女児に「スタイルがいい
ね。一緒に写真撮ろうよ」と声をかけ、つきまとわれた、③特徴不明の男か
ら小学生男女が下校途中、車が脇に止まり「乗れよ」と声をかけ、無視をし
たところ車は立ち去ったなど、全国どこの地域でもこうしたことが起こって
います。

　アメリカの調査では、「迷子の子犬」シナリオといって、公園で「（写真を
見せながら）この犬を探しているんだけど、一緒に探してくれない？」と子ど
もに話しかけたら、ほとんどの子どもが35秒以内で連れていかれたという
報告があります。きわめて短時間で子どもたちはだまされているのが実際で
す。

😊 こんなことをやくそくしよう！

　①知らない人にはついていかない！②知らない車にのらない、③おおごえ
で人をよぶ、④すぐに逃げる、⑤何かあったら、信頼できるおとなにしらせ
るなどです。そのことを「いかのおすし」と教えることがありますが、う〜ん、
あんまりうまくないなあ……。

　ではどんなときに、話してあげればいいでしょうか。保育園であれば、絵

本でみんなに読み聞かせをしたあと、「知らない人に“お母さんがケガしたから病院に連れて行ってあげるから、急いで車にのって！”と言われたときは、どうすればいいの？」と具体的な場面設定をして、問いかけてみるのもいいでしょう。

　とってもわかりやすい絵本もいっぱい出ています。絵で印象に残ることもいっぱいありますから、ときどきは絵本を読み聞かせるなかに、このテーマの絵本をとりあげてみるのもいいですね。

　▼ たとえば、こんな絵本も参考になります。

　安藤由紀／作・絵『あなたはちっともわるくない』『いいタッチわるいタッチ』岩崎書店、マリー・ウァブス作、安藤由紀訳『もう こわくない』金の星社、『性暴力をはねかえす絵本』全3巻　北沢杏子作『いや！というのはどんなとき？』、リンダ・ウォルヴード・ジラード作『知らない人にはついていかない』ともにアーニ出版などの絵本を活用することもできますね。手づくりの絵本や人形劇、紙芝居を作るのもいいですね。

　家庭であれば、ゆっくりと「○○公園のトイレのところでね（近くでねといった一般的な場所よりもできるだけ具体的に）、小学校にいく道を教えてと言って、車の中に子どもを入れようとした事件があったんだよ」と具体的な話をしてあげて、そのときには「○○ちゃんだったら、どうする？」というやりとりをすることもできます。気持ちよくあったかい気持ちになって寝る前の時間よりも、意識がはっきりしているときの方がいいでしょう。

　このテーマの話は、おとなはみんな危険！というメッセージにもなってしまうこともあるし…、ちょっと考えてしまいますね。もうひとつ大切なことは、あなたはとってもだいじな存在なのよ！というメッセージです。いのちの大切さを具体的に伝えたいものです。自分を守る力は具体的でなければ、子どものちからにならないのです。

Q28 子どもポルノが新聞などで問題になっていますが、子どもにはどのように話したらいいでしょうか？

😊 子どもポルノって、なんですか？

　子ども（児童）ポルノとは、日本においては18歳未満の少年少女を被写体としたポルノグラフィのことをいいます。ポルノグラフィ（Pornography）とは、ウェブスターの「国際辞典」では「性的興奮を起こさせることを目的としたエロチックな行為を（文章または絵などで）表現したもの」と定義しています。

　子ども買春・ポルノ禁止法（正式名称は「児童買春、児童ポルノに係る行為等の規制及び処罰並びに児童の保護等に関する法律」1999年5月成立、2014年6月改正）では「この法律において『児童ポルノ』とは、写真、電磁的記録（略）に係る記録媒体その他の物であって、次の各号のいずれかに掲げる児童の姿態を視覚により認識することができる方法により描写したものをいう。

　一　児童を相手方とする又は児童による性交又は性交類似行為に係る児童の姿態

　二　他人が児童の性器等を触る行為又は児童が他人の性器等を触る行為に係る児童の姿態であって性欲を興奮させ又は刺激するもの

　三　衣服の全部又は一部を着けない児童の姿態であって、殊更に児童の性的な部位（略）が露出され又は強調されているものであり、かつ、性欲を興奮させ又は刺激するもの」

などを示しています。なんだかわかったような？　わからないような……。

　実際には「子どもポルノ」の基準はあいまいですが、次のようなポイントを確認しておくことができます。

子どもポルノは、第1に子どもが性的虐待や性犯罪の被害を受けた事実の記録（被写体）であるということです。子どもポルノを所持し見る行為は、性的虐待や性犯罪の間接的な共犯者としての"位置"を占めることになるのです。

　第2に被写体としていったん外部に流出すると、インターネットを通して世界にも広がる可能性があります。一度写真・映像に撮られたものは、その瞬間から不特定多数のおとなたちに配信される可能性が大きいことを前提にすることが必要です。ですから被害にあった瞬間から、いつ自らのからだ、顔、姿がネット上で流れるのかという恐怖のなかで生きていくことになるのです。

　第3に、子どもポルノの広がりは、その社会のなかで子どもたちが性的な対象となる風潮を創りだすことになっていきます。そのことは子どもポルノをみて"楽しむ"だけでなく、子ども買春を誘発・許容・増長させていく"学習教材"になっているのです。こうして子どもポルノと子ども買春は相互補完関係で増幅し、レイピスト（強姦者）を養成し実行犯にしているのです。

　少し補足しておきますと、「準児童ポルノ」という概念が2008年3月、日本ユニセフ協会などが共同で行ったキャンペーン「なくそう！子どもポルノキャンペーン」で提唱されています。日本ユニセフ協会（UNICEFの民間協力団体）によると、準児童ポルノとは「被写体が実在するか否かを問わず、18歳未満の児童の性的な姿態や虐待などを写実的に描写したもの」と定義されています。具体的には「アニメ、漫画、ゲームソフトおよび18歳以上の人物が児童を演じる場合もこれに含む」とされています。「準児童ポルノ」については日本では論争的な課題となっていますが、カナダやアメリカなどでは法律で規制されています。

　それにしても日本は子どもポルノもまた野放し状態にあるのが実際です。

☺ 子どもポルノについてどう話すか

　さて、このテーマを子どもたちに話すのは難しい課題ですが、そのポイン

トについて考えてみましょう。

① 子どもの写真、できれば裸やパンツを脱がせて写したい人がいるんだよ!

　「おとなのなかにはね、子どもの裸、からだ、顔、ペニスやバルバを見たがる人がいて、そのために写真やDVDに撮ろうとする人がいるんだよ」

　「撮った写真や動画などを自分で見て、エッチな気持ちになって楽しむ人がいる」ことも伝える必要があります。そのとき、子どもは「どうしてエッチなきもちになるの?」などと聞いてくることもあります。「子どもをおとなのように見て、さわったり押さえつけたりしたいと思う人もいるんだよ。○○ちゃんにとってはわかりにくいと思うけど、いろいろなおとながいるんだ」というやり取りのなかで、新聞などの出来事も話してあげながら少しずつわかるようにしたいですね。

② 撮った写真を売ったりして、お金もうけをする人もいるんだよ!

　「なんでそんなことをするのか不思議だね。多くの人に写真を売ったりしてお金もうけをする人もいるんだ」

　「それを高いお金で買う人もいるのよ。だから高く売るために子どもの写真やDVDで撮ろうとするんだね。そんな人がいることを知っておかなくっちゃね」ということも伝えなければならない時代状況があるのです。

③ こんなことばでついていってはダメ!

　だからね「あなたとってもかわいいから、ちょっと写真撮らせてくれない?」とか、「お菓子あげるから、(人のいない公園やトイレのほうへ、どこか知らない家のなかに)こっちに来て」などという人がいたら、すぐに走って逃げて家や多くの人のいるところ(コンビニや人通りの多い道、学校、公園など)で大きな声で「たすけて!」と言うんだよ。

　「写真撮るから、こんなポーズしてみて!」「こっちで上着を少し脱いでくれない?」「パンツを見せてくれたら、おこづかいあげるよ」などということばかけも、できるだけ具体的に話してあげられるといいですね。子ども

への注意事項として、裸の写真だけでなく、勝手に写真やDVD、ビデオなどに撮られないようにすることを伝えておくことが必要です。

④ きちんとあったことを話してね

　勝手に写真を撮られたりしたことがあったときに、親や教師に事実を打ち明けられるように「○○のようなことがあったら、すぐにお父さん（お母さん）に教えてね。怒らないからちゃんと言ってね」と繰り返し伝えておくようにしましょう。

☺ 国際的な課題としての子どもポルノ問題

　「子どもの売買、子ども買春および子どもポルノグラフィに関する子どもの権利条約の選択議定書」（2000年5月25日国連総会決議）では、「子どもの売買、子ども買春および子どもポルノグラフィを目的とした国際的な子どもの取引が相当規模で行われかつ増加し」「子どもがとくに被害を受けやすいセックス・ツーリズムの慣行が広範に存在しかつ継続している」ことを指摘しています。「子どもの売買、子ども買春および子どもポルノグラフィの撲滅が、低開発、貧困、経済的格差、不公正な社会経済的構造、機能不全家族、教育の欠如、都市と非都市部間の移住、ジェンダーによる差別、成人の無責任な性行動、有害な伝統的慣行、武力紛争および子どもの取引を含む助長要因にとりくむホリスティックなアプローチをとることによって促進されるであろうことを信じ、また、子どもの売買、子ども買春および子どもポルノグラフィに対する消費者の需要を減少させるためには公衆の意識を喚起する努力が必要である」ことが前文で謳われています（傍線は筆者）。

　子どもの性的権利は国境を越えてさまざまな面から侵害されています。いまや性教育は子どもポルノ・性買・性売問題をとっても国際的な課題へのチャレンジを含んだ実践の質が問われているのです。

Q29 死んだら、どうなるの？ ─生と死の教育へのチャレンジ

　誰もが死を迎えることになるのに、その時にならないと死は自らの切実な問題とはならない。幼児期、学童期の子どもであれば、なおさら現実味はないでしょう。でもいのちを大切にすることを伝える課題は、子ども・青年の現実をみると切実さを増しています。

　現在「いのちの教育」が道徳教育の中心的課題の時代となっていますが、性教育でどのように具体化できるのでしょうか。それにしても子どもの生命観はいまどのようにつくられているのでしょうか。子どもたちが死を実生活で実感することはほとんどないでしょう。その意味では、性教育をすすめるうえで、生と死の教育はとてもチャレンジングなテーマといえます。

　現在、人がどこで亡くなっているかと言いますと、病院で死ぬ方が圧倒的に多くなっています。実際の死は日常とはかけ離れているのですが、反対に映画、テレビドラマやニュース、雑誌・マンガなどでは死は日常茶飯事となっています。いのちと死をめぐってアンバランスな現実が子どもたちを覆っています。

😊 ヒトは生き返る！？

　2004年6月に起きた長崎県佐世保市の小6女児事件を受け、長崎県教育委員会は県内の小・中学生を対象に「生と死のイメージ」に関する意識調査を実施したことがあります。「死んだ人は生き返る」と思っている子どもは全体の15.4％に上り、小学生よりも中学生の方がその割合が高かったとする調査結果を発表しました。

　「死んだ人が生き返ると思いますか」との問いに「はい」と答えたのは、小学4年生で14.7％。6年生で13.1％、中学2年生では18.5％で、中学生が最も高かったという結果が出ています。その理由をたずねると、約半数が「テ

レビや本で生き返る話を聞いたことがあるから」と答え、29.2％が「テレビや映画で生き返る話を聞いたことがあるから」、7.2％が「ゲームでリセットできるから」と答えています。

　子どもたちの生命観、死生観は私たちが考えているより、マスコミの影響をかなり受けており、いのちが有限で固有なものがあることについて、必ずしもそうは考えていない現実があります。また「死にたいと思ったことがある」という子どもは、小学校高学年から増えはじめ、低く見ても中・高校生では2〜3割にも達するという報告があります。

　大学生でも「人には前世があって……」などという話を真に受けて語る人が実は少なくありません。「え〜！前世って、どうやって確認することができるの？　前世が武士で人をあやめたことがある！　だとか言われて、前世をどうやってみたというの！？」というと、「そうですねえ……そう言われれば……」などとなるのですが。

😊 いのちって、なんだろうね

　いのちという抽象的な事柄を考えることは、幼児期、学童期の子どもにとっては、そうたやすいことではありません。でもこんなやりとりを楽しんでもいいのではないでしょうか。

　「いのちって、どんな形をしているのかなあ？」「お父さんは、風船のようなものだと思うよ。大切にしないとパチンとはじけちゃうしね。だんだんとしぼんでいくからね」「○○ちゃんはどう思う？」……「まるだよ」、「雲みたいなんだよ。形ってないんだよ」、「三角かなあ」、「えっ何でサンカク？」「だって死んだ人が頭にこんな△のつけてるもん！」「う〜ん、なるほどねえ」「どんな形をしてるんだろうね」。

　「でもいのちって見えないよねえ…」「どんな色なのかなあ」……いのちをめぐって子どもとのコミュニケーションを楽しんでみることを大切にしては

どうでしょうか。

「いのちって、みんなのからだのどこにあるのかなあ」「あたまのなか！」「こころ」「おなか」……。「いのちがなくなったら、どうなるのかな？」「死んじゃう」「動かなくなっちゃう」「そうだよね。動かなくなってしまうんだね」「いのちはからだが動けるようになるために必要なんだね」。

できれば具体的に見えるいのちの姿を例にとって話をしたほうがいいでしょう。動物や昆虫の育ちや死であったり、テレビのなかの物語の登場人物のことであったり、絵本を題材に話をするなど、わかりやすい形で話してはどうでしょうか。

こうした対話で大事にしたいことは、人間も動物もみ～んないのちを持っていて、いのちがあるから動いたりできるんだよ。いのちがなくなったりすると、もう動いたり、食べたり、遊んだりできなくなっちゃうんだよ。ひとつしかないいのちだからね、自分のいのちもほかの人のいのちも大事にしなくてはいけないんだね。こんなメッセージを私たちの言葉で伝えられたらいいですね。

☺ からだ学習のなかでいのちを語る

いのちを抽象的な議論にして教え込むような「道徳」的な教育とするのではなく、からだという具体的な存在のなかにあることを前提にすべきと考えています。化学的生理学的な説明をすれば、細胞分裂をしなくなるということで生物的な死を迎えることになるのです。率直にいえば、いのちを大切にするということは、からだの機能としくみを学び、からだを大切にするケアを行うことを言います。そして自ら、あるいは他者の意思を尊重することでもあります。いじめや虐待はこの2つのことを踏みにじる行為なのです。いのちを具体的で科学的に語ることを意識しておきたいですね。

Q30 いのちをめぐる性教育実践について、そのポイントを考え直してみると、どのような点があるでしょうか

😊 いのちの定義について

「いのちは大切なもの！」という語りは繰り返されますが、実際の子どもの暮らしとマスコミ情報、マンガ、雑誌のなかでは、いのちはきわめて軽い扱いになっているといえます。また子どもの実感から自らが大切にされていると感じられないなかで、"いのちの大切さ"はどのように届いているのでしょうか。文部科学省が「生きる力」を強調してきたことも「いのちの教育」に注目が集まっていることに影響をしているでしょう。でも「生きる力」の定義で納得のいく説明がされているようには思えません。定義とは、「物事の意味・内容を他と区別できるように、言葉で明確に限定すること」です。

さて、あなたがもし子どもに「いのちってなあに？」と聞かれたらどう答えますか。大昔の人たちは死んだ動物をみて、「いのちはどこかから吹き込まれている」と考えたそうです。けれども人間・生き物はすべて細胞でつくられ、その中でその分子のはたらきが生きていることを支えています。人間のからだは60兆個もの細胞からできていて、こうした細胞は1個の受精卵が分裂（分化）していき、多くの細胞の集団に分かれてつくられてきました（テルモ科学技術振興財団監修『いのちの不思議を考えよう』朝日新聞出版、2012年、56〜57頁）。端的にいえば、いのちの実体とはからだの存在そのものであるといえます。からだ全体の細胞が恒常性（生物がその内部環境を一定の状態に保つ働きのこと）を保っている状態で、生体反応の積み重ねがいのちです。

「いのちはどこにありますか？」という性教育の導入的な問いかけがありますが、いのちはからだ全体のなかにあるのです。

いのちの語りを考える

　「いのちのふしぎ」というテーマについてもちょっと考えてみますと、「不思議」の意味は国語辞典では「どうしてなのか、普通では考えも想像もできないこと。説明のつかないこと」ということです。ですから本当は「いのちのふしぎ」は適切なテーマとは言いにくいのです。

　つぎにいのちに関わる説明のし方について、いくつかの問題提起をしておきます。

①「『いのちのもと』(精子・卵子)を赤ちゃんにあげて、どうしてお父さん・お母さんは生きていけるの？」という子どもからの質問もあります。なるほど、いまあるいのちはお父さんとお母さんのもので、その「いのちのもと」をあげたらどうなっているの？という疑問がわいて当然ですね。「いのちとは何か」がわかっていないと、言葉の説明だけでいえば、たしかに「もと」は根源、はじまり、起こりのことですから、そういう理解もあるでしょう。「あたらしいいのちを生みだすもと」と表現したほうがいいでしょうね。ですから、いのちの学習においてもからだの科学としての教育スタンスが徹底される必要があると思うのです。

②「おとなになると、子宮のなかに赤ちゃんを育てるためのベッドをつくり、赤ちゃんのもと(受精卵)がやってこないと、そのベッドをあたらしくするために古いベッドは外に出ていくの。それが月経なのよ」という説明もよくされます。ベッドのイメージと子宮内膜の変化が子どものなかでは結びついているのでしょうか。「ベッド」と表現することで科学的な理解をはぐくむことになるかどうかが問題です。子宮の内側は、子宮内膜でおおわれています。月経の周期に応じて、子宮内膜はだんだんと厚くなっていき、月経前になると1cmほどになります。内膜というと、1枚のカベのようなものをイメージしますが、実際には細胞や毛細血管、

分泌液を出す分泌腺などが含まれた組織です。月経がはじまると、内膜の表面部分にあたる機能層という組織が溶けてはがれ落ち、出血が起こります。この子宮内膜がこわされるときに出る酵素の働きによって、血液を固まらせる凝固因子が破壊されてしまうのです。その結果、月経血となってからだの外に出てくるのです。

　私なりにいえば、子宮内膜がベッドというより血液をたっぷり含んだふかふかのじゅうたんのようになって、受精卵（胚盤胞）が子宮内膜に突起物を食い込ませて、その場所にはりつきます。それが着床です。子宮内膜の変化と受精卵の発達（細胞分裂）によって着床が可能になることの説明が大事なのではないでしょうか。

　③「子宮のなかで胎児がぷかぷかと浮かんでいて……」という語りも正確に説明したいものです。子宮でお風呂のように浮かんでいる絵などは事実とはずいぶんちがいますし、子宮内に空気が入っているわけではありません。浸かっている羊水量は、赤ちゃんの成長の段階によって変わっていきます。一般的には、妊娠週数が進むにつれて増えていき、妊娠20週で350㎖（コーヒー缶2本程度）、30〜35週に約800㎖（牛乳パック大は1000㎖）と最大量となり、40週を過ぎると500㎖以下になり減少していきます。そうであるとすれば、羊水と胎児の関係は浮かんでいるというより、胎児を覆っているショックアブソーバー（衝撃を減らす）の役割を持っていることもひとつです。それが多すぎたり、少なかったりするということは、胎児が羊水を飲み、尿として排出するというしくみのどこかにトラブルがあるのではないかと疑ってみることになります。

　胎児は羊水を肺にまで取り込んで、生まれてからの肺呼吸の練習、準備をしているのです。飲んだ羊水は、肺や小腸から吸収され、血液に取り込まれたあと、腎臓で再び吸収されて、それが尿となって出ていきます。胎児の発

達の科学としてどこまで、どのように語っていくかが実践的な課題です。

④「胎児にシャワーのようにホルモンが降り注ぎ……性の分化がおこなわれます」という表現も考えなおす必要がありそうです。そこでいうホルモン量はきわめて少量で、単位はいずれも「pg/ml（ピコグラム パー ミリリットル）」です。「p（ピコ）」とは10のマイナス12乗、つまり「1兆分の1」を意味します。影響を与えるホルモン量は36pg（ピコグラム）で、0.000000000036gです。シャワーでは子宮内が水浸しになってしまいますもんね？！

第 I 部　幼児・学童期の性 ～ 30 のQ&A～

第 **II** 部

幼児・学童期の性
～理論編～

はじめに
― 性教育の扉をひらく ―

「それぞれの道を切り拓く」人にとって、いろいろな困難が伴うことは当然です。私たちもいまこの時代に必要な乳幼児期の性教育を創造していくための困難にチャレンジしようとしています。

性教育でも、私たちの先輩は多くを切り拓いてくれました。例えば北海道の性教育を研究するグループは、仲間内の教員から、「助平（スケベ）サークル」と揶揄されたそうです。そうした中でもやってきたのが、性教育を切り拓いた人たちです。先頭を行く、切り拓いていく人たちは大変だと思います。性教育という、いわばまだまだマイノリティの分野をやっていく時には、怒りを持ち続けることと、そして、自分を励まし、希望と勇気を持ち続けることが大切です。研究と実践においてエアーポケットだった乳幼児の性について、仲間とともにチャレンジしたいと思っています。

この「第Ⅱ部　幼児・学童期の性〜理論編〜」では、性教育の"基本のキ"から「改訂版 国際セクシュアリティ教育ガイダンス」の基本的な内容までをわかりやすく解説します。いま未開拓の課題である、乳幼児の性と性教育の扉をひらくうえで必要な「性教育の基礎理論」を学ぶ場になればと思います。性教育にはいろいろな段階の扉があるので、それぞれの観点から読んでいただければ幸いです。「入門」とは、門の中に入ることをいいます。性教育という門を開いて中に入ってみませんか。扉は開けることも、閉じて遮断する機能もありますが、扉は、勇気をもって開けたほうが楽しく、わくわくした気持ちになるものです。そうした意味で、この理論編がみなさんにとって、この分野でやろうという扉をひらく一つの参考意見になれば、とてもうれしいです。

なぜ性教育が必要なのか

現代の「3S」問題

いまの時代に即した性教育とは何でしょうか。

戦後すぐに「3S政策」という言葉がありました。「スクリーン（映画）・スポーツ（野球・プロレスなどプロスポーツの観戦）・セックス」の頭文字「S」から取っています。これは戦後、アメリカ占領軍GHQにより日本人を管理するための政策として進められてきました。国民の政治的な批判を抑え、国民を管理する文化政策です。

これにならって、私なりに現代の子ども・若者たちにとっての「3S」をいうと、一つはSNS（ソーシャル・ネットワーキング・サービス）ですね。これはもうかなり広がっています。フェイク情報も含めてさまざまな情報が子どもたちにネットを通してシャワーのように降り注いでいます。その点でSNSとの関わり方が問われています。

それから学校（School）。いま学校の先生方は、本当にそれぞれのところでよく努力をされていると思います。しかし一方で、学校の管理的な指導は、かなり深刻な状況になっており、「ゼロ・トレランス（非寛容）」政策が学校現場を確実に覆っています。アメリカで生まれた教育方針である、「ゼロ・トレランス方式」の根拠となった、犯罪学の「割れ窓理論」（Broken Windows Theory）という考え方があります。ちょっと窓が壊れているのを放置すると、風が吹き込んで、他の窓も壊され、家全体がボロボロになっていく。そうした考え方が学校に入り込んでいて、少しでも問題があれば、厳格に罰則で対応する、という学校における生徒管理方針です。このようなぜ

ロ・トレランスに基づく生徒指導は、2010年頃から広島県福山市などで導入され、全国にかなり広がっています。

　そしてセクシュアリティ（Sexuality）教育政策のSです。

　この「3S」政策が、現代の子どもや若者を徹底して管理する柱になっているのではないかと思います。

情報環境の変化

　現代社会は、情報をめぐる環境が大きく変化しています。

　まずはインターネットの利用状況について。子どもがネット・オンラインゲーム・SNSなどに何歳ぐらいから触れていると思いますか。内閣府の調査2019（令和元）年度「青少年のインターネット利用環境実態調査」調査結果（速報）（2020年3月）では、早い子は0歳からで4.7％、1歳19.2％、2歳では35.5％、3歳50.2％、4歳56.0%、5歳60.5％、6歳68.9％となっており、3歳児からは過半数を超えているのが現状です。16歳にもなると、もう99.8％の子どもが触れているのです。

　例えば、ネットやゲームに触れる時間が毎日2時間を超えると、さまざまな影響がかなり出てくることが証明されています。これを「ゲーム障害」として、障がいの一つに分類することになっている時代です。

　ただ、だからといって「使わせない」などと言うのではなく、どのように積極的な使い方をするのかを語りかけていく必要があります。「やめなさい」と言うトーンでの関わり方だと、隠れてするということにならざるを得ません。

　ところで、「テクノブレイク」という言葉をご存じですか。ネット上で広がり、現代の子どもたちに知られているネットスラングです。例えば、マスターベーション・自慰、セックスなども含まれますが、主にソロセックス（自慰行為）を繰り返し頻繁に行うと、「ものすごく頭が悪くなる」「病気になるこ

ともある」、さらに場合によっては、死ぬことがあるというフェイク情報です。昔から言われているような「最後の精液を放出する時は、ペニスの先から赤い玉が音付きでポンと出る」みたいな内容です。

　これは、子どもたちが自分の性そのものとつき合う時に、かなりの恐怖教育になります。セクシュアリティのことを考える時に、そうした情報がインターネットの「2ちゃんねる」（現・「5ちゃんねる」）やSNSを通して子どもたちにかなり入ってきていることを知る必要があります。中学生に話をした際に聞いたのですが、かなりの子が「テクノブレイク」を知っていました。「マスターベーションのし過ぎで死んだ人がいるというのは、まったくの嘘なんだよ」と説明したら、「えーっ?!」と言っていました。そのようにネット上では誤った形で、性情報が大量に子どもたちに送られているのが実際です。

　ちなみに、「自慰」あるいは「マスターベーション」という用語がありますが、その用語の価値をどう評価するかは別にして、簡単に英語の「ソロセックス（solo sex）」と言うのがよいのではないかと思っています。

　その他の用語として「セルフプレジャー（self pleasure）」と、肯定的な意味で捉えられる表現もあります。一般に言われる「セックス」は対面的なものだと思いますが、それと比べても、私は独りで行う「ソロセックス」が適していると考えます。そのソロセックスを、それぞれがどういう意味で受け入れていくのか。「からだ」への関わり方について、どう考えるか。幼児期ということではありませんが、そうした性への関わり方についても、私たちがどう語っていくかが問われていると思います。

必要な知識・態度・スキル

　子どもたちが直面する性的発達の具体的な内容として、「知識・態度・スキル」が必要です。この3つの柱は、「国際セクシュアリティ教育ガイダンス（改定版）」で示された「学習者ができるようになること」の柱です。

●表1　性的発達のプロセス

性的発達の柱	1)乳幼児期
①主な発達的な出来事	年齢や性別の基本的自己カテゴリー（分類・区分）の形成 2歳児：2語文を話せる 3歳：男女の違いをある程度理解できる 4歳〜6歳：文字が読めるようになる
②性機能の変化	性器には快感があることを知る ペニスの勃起を体験している
③からだの発達	幼児期は一生のうちでからだの成長が著しい時期である。 身長や体重、からだの基礎となる骨格や内臓器官、呼吸や循環機能、体温調節や消化吸収の機能が発達する時期である。 とくに脳と神経系は著しく発達する。
④性意識・ジェンダー認識	出典4） 1歳児クラスではほとんど男女差はみられないが、2歳半〜3歳ではほとんどの子どもが自分の性別を認識。3歳児クラスではジェンダー意識が固定化の方向へ
⑤性についての関心と知識	出典5） 【0〜4歳】 性器を含めた、からだの部位の名称がいえるようになる 自分の変化や成長を言うことができる 自分が男の子か女の子かをいえる 【4〜6歳】 性器を含めた、男の子と女の子の違いを言うことができる 人の身体的発達の違いを言うことができる 赤ちゃんがどのようにしておなかで育つのかを言うことができきるようになる いろいろな家族構成があることを言えるようになる
⑥性行動の変化	出典5） 快いタッチと不快なタッチを認識できる 性器タッチをすることもよく見られる−男女ともにあるが、男の子に多く見られる あまり意味を知らないで、性用語、俗語などを使う場合がある 「どうして男の子には、おちんちんがあるの」という質問などをするようになる

2)小学校低学年	3)小学校高学年
7・8歳：具体的なものを使えば、論理的思考ができるようになっていく "9歳・10歳の壁"を超えて、大きな成長期となる転換の時期	抽象的思考の芽生え 性的成熟が始まる 幼児期を離れ、物事をある程度対象化して認識することができるようになる 人間関係を構造化して理解できるようになる
出典1)中学生累計 精通経験 (9歳) 0.7%（累計1.8%） 初経経験 (8歳) 0.3% (9歳) 1.3%（累計1.6%）	出典1)中学生累計 精通経験 (10歳) 4.8%（累計6.6%） (12歳) 30.9%（累計48.5%） 初経経験 (10歳) 8.0%（累計9.6%） (11歳) 26.2%（累計35.8%） (12歳) 36.7%（累計72.5%）
出典3) 【男性の性徴がみられる時期】 精巣：10歳半〜17歳 性毛：11歳〜14歳 ペニスの伸長：11歳〜15歳 声変わり：10歳半〜18歳 体型の変化：12歳〜17歳 【女性の性徴がみられる時期】乳房発達の開始：8歳〜13歳 性毛：8歳〜14歳 体型の変化：11歳〜15歳半 初経：11歳〜14歳	出典3) 男児の場合、性的変化は陰嚢と精巣の成長で始まり、陰茎の伸長ならびに精巣および前立腺の成長へと続く。次に性毛が現れる。精通がある年齢の中央値（米国では12歳半から14歳の間）は心理学的、文化的、および生物学的要因の影響を受ける。 ほとんどの女児で、乳房のふくらみが性的成熟の目に見える最初の徴候であり、続いてすぐに、成長スパートが始まる。その後まもなく、性毛が出現する。
出典6)「異性と遊ぶこと」は「楽しい」 (小1男子) 50.9% (小1女子) 64.9% (小3男子) 38.9% (小3女子) 56.8% (小4男子) 26.4% (小5男子) 14.9%と低下	出典6)性自認 「男に生まれてよかった」 (小6) 83.1% 「女に生まれてよかった」 (小6) 57.0% 異性への関心 (小4男子) 61.2% (小4女子) 75.9%
出典1) 「初めて性的なことに関心をもったのは何歳の時でしたか」 (6歳男子) 0.6%（累計1.0%） (9歳男子) 3.5%（累計6.3%） (6歳女子) 0.8%（累計1.5） (9歳女子) 4.7%（累計6.3%）	出典1) 「初めて性的なことに関心をもったのは何歳の時でしたか」性的な関心をもった中学生の割合は、男子「ある」46.2%、「ない」50.6%、「DK.NA」3.1%　女子「ある」28.9%、「ない」68.4%、「DK.NA」2.7%　（　）は累計数値 (10歳男子) 12.3%（18.6%） (11歳男子) 17.7%（36.3%） (12歳男子) 29.3%（65.6%） (10歳女子) 15.8%（22.1%） (11歳女子) 16.4%（38.3%） (12歳女子) 25.6%（64.1%）
出典1) 「初めて自慰を経験したのは何歳でしたか」（経験あり）は中学男子で25.4%、女子7.6%　経験ありの100%のうち、」 (7歳男子) 0.5% (8歳男子) 1.0% (9歳男子) 1.5% (7歳女子) 1.2% (8歳女子) 0.6% (9歳女子) 4.3%	出典1) 「初めてキスの経験をしたのは、何歳のときでしたか」（経験あり）は中学男子で9.5%、女子は12.6%で経験者を100%として、 (10歳男子) 7.3%（累計16.5%） (11歳男子) 6.0%（累計22.5%） (12歳男子) 11.5%（累計34.0%） (10歳女子) 4.8%（累計20.8%） (11歳女子) 6.7%（累計27.5%） (12歳女子) 16.7%（累計44.2%）

性的発達の柱	4）中学生
①主な発達的な出来事	保護者や教員、友人とは異なる自分独自の内面の世界があることに気づきはじめる反面、自己認識と現実との違いに悩み、さまざまな葛藤の中で、自らの生き方を模索しはじめる時期 である。親からの心理的自立の芽生えとともに、友人の影響がいっそう強まる
②性機能の変化	出典1）「射精経験はありますか」「ある」37.2％、「ない」57.6％、「DK.NA」5.2％「いままでに、月経はありましたか」「ある」81.2％、「ない」14.1％、「DK.NA」4.7％
③からだの発達	思春期に成長促進するのは、主に男子では男性ホルモン（テストステロン）、女子では女性ホルモン（エストロゲン） ペニスがおとなの大きさになるには、思春期が始まってから8〜10年かかる 乳うん現象も見られる
④性意識・ジェンダー認識	出典1）「同性どうしの結婚は認められるべきだ」「そう思う」男子15.2％、女子24.8％、「どちらかといえばそう思う」同じく22.7％、25.5％、「どちらかといえばそう思わない」10.0％、11.5％、「そう思わない」23.7％、13.3％、「わからない」31.4％、24.2％ 「男性は外で働き、女性は家庭を守るべきだ」「そう思う」男子11.0％、4.9％、「どちらかといえばそう思う」同じく16.9％、13.3％、どちらかといえばそう思わない」16.9％、22.7％、「そう思わない」37.9％、50.0％、「わからない」16.2％、8.6％
⑤性についての関心と知識	出典1）「性について知りたいこと」上位4項目 「特に知りたいことはない」 （中学男子）①59.3％ （中学女子）①53.2％ 「恋愛」 （中学男子）②13.0％ （中学女子）②17.5％ 「セックス」 （中学男子）③12.1％ 「性感染症」 （中学男子）④10.0％ 「性的マイノリティ」 （中学女子）③11.1％ 「男女の心の違い」 （中学女子）④10.5％
⑥性行動の変化	出典1） 性的な意味でキス経験 （中学男子）9.5％ （中学女子）12.6％ 性交経験 （中学男子）3.7％ （中学女子）4.5％ 異性との交際-付き合っている （中学男子）32.6％ （中学女子）34.4％ 自慰の経験 （中学男子）25.4％ （中学女子）7.6％ 出典2）初体験年齢 17歳24.7％、16歳19.8％、18歳17.9％で高校生全体で62.4％を占める。10歳以下で2.5％

出典） 1）日本制教育協会編『「若者の性」白書－第8回青少年の性行動全国調査報告－』小学館、2019年（調査対象：12925　男子6193、女子6706、その他22、無回答4、調査実施期間：2017年6月〜12月、調査手法：調査票回収）
2）日本財団「18歳意識調査　第6回 - セックス - 調査報告書」日本財団、2018年12月18日公表（調査対象：全国の17歳〜19歳男女、回答数800（男性400、女性400、調査実施期間：2018年10月26日〜28日、調査手法：インターネット調査）

5）高校生	6）大学生
記憶容量がピークになる 自分を振り返り、過去・現在・未来を総合的に理解しようとする	社会的な自立が多様な形で開花する可能性を持っている時期である アイデンティティの獲得と未形成のなかでのゆらぎ
出典1）「射精経験はありますか」「ある」84.1％、「ない」10.9％、「DK.NA」5.0％「いままでに、月経はありましたか」「ある」94.3％、「ない」1.4％、「DK.NA」4.3％	出典1）「射精経験はありますか」「ある」94.1％、「ない」2.2％、「DK.NA」3.7％「いままでに、月経はありましたか」「ある」97.2％、「ない」0.7％、「DK.NA」2.0％
出典3） 男児の成長スパートは12〜17歳の間に起こり、典型的には13〜15歳の間にピークがみられ、成長速度がピークに達する年には10cm以上の身長の伸びが予想される。女児の成長スパートは9歳半〜14歳半の間に起こり、典型的には11〜13歳半にピークがみられ、成長速度がピークに達する年には9cmの身長の伸びがみられることもある（MSDマニュアル　プロフェッショナル版）。	
出典1）「同性どうしの結婚は認められるべきだ」「そう思う」男子18.8％、女子35.4％、「どちらかといえばそう思う」同じく22.1％、24.8％、「どちらかといえばそう思わない」9.1％、7.6％、「そう思わない」17.2％、8.2％、「わからない」31.4％、22.6％ 「男性は外で働き、女性は家庭を守るべきだ」「そう思う」男子7.3％、3.5％、「どちらかといえばそう思う」同じく12.9％、8.9％、どちらかといえばそう思わない」21.8％、21.6％、「そう思わない」44.0％、56.1％、「わからない」12.7％、8.2％	出典1）「同性どうしの結婚は認められるべきだ」「そう思う」男子36.1％、女子52.5％、「どちらかといえばそう思う」同じく33.4％、31.7％、「どちらかといえばそう思わない」6.6％、4.2％、「そう思わない」7.0％、1.7％、「わからない」16.0％、8.8％ 「男性は外で働き、女性は家庭を守るべきだ」「そう思う」男子4.2％、0.8％、「どちらかといえばそう思う」同じく10.4％、5.9％、どちらかといえばそう思わない」25.8％、25.1％、「そう思わない」52.8％、64.2％、「わからない」6.1％、2.9％
出典1） 「性について知りたいこと」上位4項目 （高校男子）①「特に知りたいことはない」59.9％、②「恋愛」16.2％、③「セックス」14.5％、④「男女の心の違い」11.5％ （女子）①「特に知りたいことはない」54.4％、②「恋愛」18.4％、③「男女の心の違い」13.7％、④「セックス」9.8％ 出典2）17〜19歳の男女対象　「避妊の必要性」を感じているは全体の86.7％。避妊の必要性を感じない理由は、「大丈夫だと思うから」（26.9％）で最も多い。性に関する情報源として最も多いのは「Webサイト」55.8％、「友」50.2％、「SNS」31.4％が上位に挙がっており、4位に「教師」16.4％、「本・雑誌」「動画」などと続き、「家族」は5.5％となっている。	出典1） 「性について知りたいこと」 （大学男子）①「特に知りたいことはない」48.5％、②「恋愛」20.2％、③「セックス」14.4％、④「性的マイノリティ」11.1％ （大学女子）①「特に知りたいことはない」38.0％、②「恋愛」20.9％、③「男女の心の違い」20.6％、④「性的マイノリティ」18.3％
出典1） 避妊の実行状況 「いつも避妊」 （高校男子）72.7％ （高校女子）58.2％ 性交経験 （高校男子）13.6％ （高校女子）19.3％ デートしている相手がいる （高校男子）32.8％ （高校女子）43.1％	出典1） 現在、デートしている相手がいますか （大学男子）41.1％ （大学女子）47.2％ 性的な意味でキス経験 （大学男子）59.1％ （大学女子）54.3％ 自慰の経験 （大学男子）92.2％ （大学女子）36.8％ 性交経験 （大学男子）47.0％ （大学女子）36.7％"

3）MSDマニュアル　プロフェッショナル版
https://www.msdmanuals.com/jajp/%E3%83%97%E3%83%AD%E3%83%95%E3%82%A7%E3%83%83%E3%82%B7%E3%83%A7%E3%83%8A%E3%83%AB
4）柏木恵子・高橋惠子『心理学とジェンダー』有斐閣、2003年
5）リヒテルズ直子『0歳からはじまる　オランダの性教育』日本評論社、2018年
6）東京都幼・小・中・高・心障性教育研究会編『2002年調査　児童・生徒の性』学校図書、2002年

まず大事なのは、「からだ」への関心・興味です。自分という人間の「からだ」の変化を、自分がどのように受け容れ、その後の変化をどう見通すのか。幼児期、学童期の性教育の形としては、おとなが子どもに、「あなたはいまこうだけれど（トイレがひとりでできるのはむずかしいけど）、もう少したてば、こういうこともあるんだよね（自分ひとりでできるようになるよ）」というように自然に語りかけるという方法もあると思います。

　表1の内容をどう読み取るのかについて、そのポイントを解説しておくことにします。数字はあくまでも事実の断面を切り取ったものです。その数字を実際の子どもたちの現実・事実と重ね合わせながら、性教育実践の課題・目的・テーマ・方法などを構想していけばいいのかを考えてみましょう。

　私が考えたこの表の読み取りのポイントを箇条書き的に整理しますので、参考にしていただければと思います。

　1)「1)乳幼児期」は、「①主な発達的な出来事」にあるように、「基本的自己カテゴリー（区分）の形成」の時期でもあります。とくに3歳では「②性機能の変化」として、すでに性器が快感をともなう器官であることを体感するようになっています。「性器タッチ」はまさに必然でもありますし、男の子の場合、勃起という変化が性器にあることを知ります。それは自らのからだへの関心を体感することで学んでいるということでもあります。それは「性と生殖にかかわる器官も含め、自分のからだを知りたいと思うことはまったく自然なことであると認識する（態度）」（翻訳『改訂版　国際セクシュアリティ教育ガイダンス』明石書店、2020年、128頁）ことでもあります。

　「③からだの発達」では、「幼児期は一生のうちでからだの成長が著しい時期である」のですが、「とくに脳と神経系は著しく発達する」時期でもあります。この時期こそ具体的な事実に基づいて性の知識を旺盛に吸収する時期ということができます。それは反対に、さまざまなジェンダーの刷り込みや暴力文化の注入などメディア情報が無批判なままに子どもたちに入り込んで

　第 **II** 部　幼児・学童期の性 〜理論編〜

る可能性が大きい時期でもあるのです。

「④性意識・ジェンダー認識」では、3歳前後で性別を認識できるようになるということですが、そのことはジェンダー意識の固定化がはじまりつつあるということになります。したがって、幼児期の子どもたちに性別の理解とジェンダー平等の視点をどう人生はじめの時期から学んでいくのかという課題が投げかけられているということができます。乳幼児期に刷り込まれたジェンダーバイアス（偏見）が年齢とともに蓄積され固定化されていくことになるのです。

「⑤性についての関心と知識」は、0〜4歳と4〜6歳では発達的にみて、大きく分けています。その点でいえば、4歳は性教育をすすめるために絵本などを使って、正面から学んでいく飛躍の年齢でもあるといえます。0〜4歳では、自分のからだや特徴を具体的にみて認識するようになりますが、4〜6歳では具体的なヒトやモノでなくても、絵や写真を通して事実を理解する能力が形成されつつあるといえます。その点でいえば、想像力を働かせて、また絵と現実をつなげて考えることができるようになっているという点で大きな飛躍があるといえます。子どもたちの年齢と発達段階を踏まえて、「性についての関心と知識」を豊かにはぐくんでいくことが課題となっています。

「⑥性行動の変化」は、快・不快の判断ができる感覚が形成されてきますので、そのことをどう認識して、どのような対応をしていくことが必要かを学ぶ課題があります。この点は性被害防止、性的虐待防止にかかわる重要な課題でもあります。また性器タッチも性的快感という面よりも、安心感といった面もあります。手持無沙汰な状況も性器タッチへとつながる条件ということができます。いずれにしても気にしすぎないことが大切です。女の子の場合は、性器への何らかのタッチによって性的快感を得て、ソロセックス（自慰、マスターベーション、セルフ・プレジャー）につながることもあります。とくに幼児においても無害という医学的前提を踏まえて冷静に見ておければ

いいと思います。止めるような言動をおとながすれば、隠れてすることになります。その点であえていえば、幼児も性的存在であるということを再認識することがおとなたちに求められています。

　また性用語（隠語や卑猥語を含めて）を使いたがるのもこの時期の子どもたちの特徴です。子どもにとっては新しい知識を吸収しているのですから、そのときこそ学んでほしい知識・態度・スキルをどう伝えるのかを私たちが考えてみましょう。はじめての性のお話をするチャンスとして、受け止めたいですね。

　2）「2）小学校低学年（1年～3年生）」の「①主な発達的な出来事」では7歳・8歳～"9歳・10歳の壁"を超えて抽象的論理的思考が徐々にできるようになってきます。

　「②性機能の変化」では精通・初経の経験はまだ圧倒的に少数の状況となっています。

　「③からだの発達」では、男性・女性の性徴が発現しはじめる時期となっています。男子では、精巣、性毛、ペニスの伸長、声変わり、体型の変化などが早い子では現れはじめますが、子どもたちにとっては高学年に性徴の変化が多くみられます。10歳～17・8歳の期間に変化を見ることができます。女性の場合、乳房の発達の開始、性毛、体型の変化、初経などが8歳から14・15歳の範囲で発現している現状があります。女性の性徴は男性と比べると、やや早めに現れているということができます。

　「④性意識・ジェンダー認識」については、男の子の場合、女性の排除と嫌悪が行動の中に現れていることもみておきたいと思います。男同士の監視と冷やかし、排除の恐怖のなかで女の子との交流やコミュニケーションを少なくしている現実があります。それはより荒っぽい遊びや行動によって女の子を排除することにもなっています。

加えて、性自認度でみれば、男性が高く、女性が低い傾向にあります。男性の性自認への無批判な受け入れと"理解"と女性の自らの性に対する違和感や疑問、揺れにどのような問題提起をするのかが実践課題として問われているのではないでしょうか。

　「⑤性についての関心と知識」では、まだこの年齢では子どもたちは性的な関心を持っているとはいえない統計的数値となっています。

　「⑥性行動の変化」も実際の性行動もまだあまり活発な行動をすることは少ないのが実際です。

　全体として小学校低学年は、性的な関心や行動は緩やかで、同性的な仲間関係に力点がありますが、性的な発達は個々の子どもで変化は実に多様で個性的であることを踏まえる必要があります。数字はあくまで平均値であったり、ある側面や局面を切り取ったりした実際の一端です。発達の現実は、実に多様であり、柔軟であるという視点を大切にしたいと思います。

　3)「(3)小学校高学年(4年〜6年生)」は、「①主な発達的な出来事」では抽象的思考が芽生え、形成されていく発達のプロセスにあります。さらに性的な成熟がはじまる時期でもあります。その点では性的関係やジェンダー意識が具体的に形成される時期であるのです。性的発達という視点からみれば、大きな転換点にあるということができます。とくにこの年齢は男子が2つの嫌悪観(女性蔑視と同性愛嫌悪)をテコに男性性を強化していく時期でもあり、女子はからだの発達をともなって、女性であることを社会的に行動面やことばなどで求められる傾向にあります。

　「②性機能の変化」では、男性の精通経験は累計で約半数となっており、女性の初経経験は7割を超えています。性機能の飛躍的な成熟のプロセスにあるのが小学校高学年の期間であるといえます。

　「③からだの発達」では、思春期の急激な身長の伸びは、「成長スパート」と

呼ばれています。成長スパートの開始年齢は、個人差があることを前提に、女性では11歳、男性は13歳頃にピークになります。とくに女性の場合、乳房のふくらみはからだの変化の性的な特徴として、ボディイメージの形成にとって大きな意味を持つようになります。男性は筋肉質に、女性はふっくらとしたからだになるという二分法的な一般的イメージは多数の子どもたちにとってはプレッシャーになることがあります。『改訂版ガイダンス』「キーコンセプト6人間のからだと発達」6.4　ボディイメージの学習目標（5～8歳）でキーアイデア：すべてのからだは特別で、個々の異なりそれぞれにすばらしく、からだに対してはポジティブな感情を抱くべきである」（翻訳『改訂版ガイダンス』136頁）課題へのアプローチが性教育実践に求められています。

　「④性意識・ジェンダー認識」については、「異性への関心」が小学4・5年生で急に高くなってきます。大きな性意識・ジェンダー認識における転換点をむかえます。

　当然のことですが、この時期に同性への関心を持つことを、子ども自身が自覚している子どもたちが一定数いることを認識しておくことが必要です。LGBT総合研究所「LGBT意識行動調査2019」（2019年4月～5月実態調査、調査方法：インターネット調査、全国20～69歳の個人：約42.8万人、有効回答者数：約34.8万人）では、LGBT・性的少数者の割合は、10.0%を数えています。LGBT・性的少数者の方が自らの性的指向と性自認の区分において少数者であることを認識するのが高学年であることが少なくありません。それ以前に異性愛やシスジェンダー（Cisgenderとは、生まれたときに割り当てられた性別と性同一性が一致し、それに従って生きる人と定義されています）ではないことを自覚する人たちも少なくありません。

　「⑤性についての関心と知識」をみると、性的関心を持つ子どもの割合は、12歳では累計で3分の2を占めています。特徴的な点は、11歳の時点での性的関心の数値は男女ともに約2倍に跳ね上がっています。こうした性的関心

の高まりが性行動の具体化へとつながっていくと考えられます。

「⑥性行動の変化」を「キス経験」の項でみれば、12歳男子では「初めての
キス」経験が11.5%、累計で34.0%、12歳女子では「初めてのキス」経験が
16.7%、累計で44.2%となっており、女子の場合は半数近くがキス経験者と
いうことになります。

このような具体的な子どもたちの性意識・性行動の実際を踏まえて、おと
なたちが性を子どもたちと語りあうことが求められるのです。

以下、4)中学生、5)高校生、6)大学生に関しては、とくに取り上げてお
きたい点を簡単に取り上げておきます

4)「4)中学生」の「⑤性についての関心と知識」で、「特に知りたいことは
ない」という意味は、基本的な知識を持ち合わせていないことで、中高生が
自らの性生活にポジティブに過ごすための知識・態度・スキルを獲得するこ
とに無関心という側面があります。「特に知りたいことはない」が男女ともに
トップの状況にあることは性教育実践をすすめていくうえで検討すべき課題
です。

「⑥性行動の変化」全国の中学生全体の性交経験が数%（男子3.7%、女子
4.5%）という数値は、出典の調査が実施された2019年の中学生総数は、約
322万ですから、仮に4.0%の性交経験率とすれば、約12万8800人となります。
そうであれば、避妊や人工妊娠中絶に関する知識を学ぶことは、中学生の必
須課題であると捉えるべきです。

5)「5)高校生」の「④性意識・ジェンダー認識」の「男性は外で働き、女性
は家庭を守るべきだ」という問いに、「そう思う」男子7.3%、女子3.5%、「ど
ちらかといえばそう思う」同じく12.9%、8.9%、「どちらかといえばそう思
わない」21.8%、21.6%、「そう思わない」44.0%、56.1%、「わからない」

12.7%、8.2%となっており、伝統的性別役割分業については否定的なジェンダー認識となっています。大事な点はもう一歩踏み込んで考えると、実生活を送る上での共同生活における平等を具体化するための「態度」と「スキル」をどのように獲得していくのかを考える学びが必要なのではないでしょうか。

「⑥性行動の変化」をみると、性交経験は1年〜3年生全体で男子13.6%、女子19.3%となっています。避妊の状況をみますと、「いつも避妊」していると答えている男子は72.7%、女子は58.2%となっています。この数値は、①予期しない妊娠をしないための避妊率があまりにも低いという問題、②男子よりも女子の避妊率が低いことも深刻です。この数字の差は、男子の避妊を実行したという中に"膣外射精"を含めていることがあげられます。さらに避妊に対する主導権が男子に委ねられていることも推測されます。

6）「6）大学生」の「⑤性についての関心と知識」では、「性について知りたいこと」で、男子のトップは「特に知りたいことはない」48.5%、女性のトップも「特に知りたいことはない」38.0%となっており、性について真摯に問う姿勢が乏しいことも問題ではないでしょうか。

これらの統計数値を読み取りながら、性教育実践の内容を構想していくことにチャレンジしていただきたいと思います。

次に大事なのは自らの出生への問い。なぜ生まれてくるのか。これは根源的な問題です。出生について「自分がなぜ生まれてきたんだろう」と疑問に思う時があります。特に小学校高学年ぐらいのころは、「自分という存在が生まれてきてよかったんだろうか」、あるいは「どうして自分はこういう状態でいるんだろうか」と、自分自身が生まれたことについての自分自身への問いかけをし、自分に対する眼差しを自分の生い立ちにも向ける時期です。そうした時にさまざまな問題が起こることもあります。その問いかけにどう

答えていくのか、胸を貸す人たちがいるかどうかなどが、大変重要なのではないでしょうか。

　三つ目に、友だちという人間関係が大事です。友人関係がどうあるのかということは、それぞれの子どもの性的な発達に影響する必要な知識（学び）と関わりがあります。友人とどのように関わるのか、友人をどのように見るのかという態度も問われます。そして友人関係を通して、実際相手にどのような態度を取るのかという、スキルのレベルでトレーニングをし、学びとしていくことも必要ではないかと思います。

人生の選択のために

　人生では、さまざまな性的出来事に対応する必要が出てきます。「出会い」にも、いろいろな友だちづきあいもあれば、恋人関係のつきあい方もあります。それを超えて次の段階は、キスをするとか、しないとか……これらはすべて「判断と選択」です。人生、特に性の問題は、それぞれの選択です。この人と会ったけれども、どのような行動をするかしないか。そこでは大きな自分の価値判断－何をよいとして何があまりよくないとするか－の判断があって、自分でそれらの行動を選んでいるはずです。

　性教育で子どもたちに伝えるべき内容の一つが、妊娠したら出産をするのか中絶をするのか。これも選択です。できれば中絶は避けたいです。そうした態度とか思いやり……相手のことを本当に大切に思うかどうかが、問われると思います。ただ中絶というのは、悲しいけれども女性の重要な権利として、最終的に自分の人生を大切にするための判断という側面もあります。その点では「意図しない妊娠」をしないこと、避妊の課題を学び、スキルも体得しておくことが求められますね。

　「子どもの権利条約」でも、出生前後の子どもの権利については前文に書いてあるのですが、実定法的な条文には書いてありません。「中絶」を合法化し

ている国と、合法化してない国があるからです。それぞれの国に任せるという意味で、出生前後の子どもの「いのち」に関わる判断については、これまでの宣言などで使った言葉で前文に書いてあるだけです。中絶をせずに産んだとして、子育てはどうしていくのか。自分の手で継続するのかどうか、場合によっては公的な施設や機関などの制度を活用するのかも選択の範囲になります。その意味で人生の歩みはすべて選択能力が問われます。

 ## 個人の尊厳と自己決定

　個人の尊厳と同時に、自己決定も非常に重要です。自己決定の場面でさまざまな情報の不備があると、「自分を大切にすること」に結びつきません。これは一種の哲学的な問題として議論しなくてはなりません。個人が、自分の人生をどう選ぶかは、個人に属することです。その個人に属する「判断」と、人間の尊厳という「その人の存在を大切にするかどうか」は、別のレベルの問題です。この「人間の尊厳」について性教育は、どう子どもたちと一緒に考えていくか。これもいろいろな角度で語らなくてはなりません。

　では、「人間の尊厳」とは何でしょうか。一つ目は、プライバシーが尊重されていること。二つ目はアイデンティティの保全です。自分らしさが保たれ、侵害されない状態であるかどうか。そして三つ目が自己決定が権利として保障されていることです。こうした三つの要素が、人間の尊厳には必要でしょう。私なりに言えば、「人間の尊厳についての法律的表現」が「人権」という用語になります。法律や制度の用語としてあるとともに、教育・福祉・保健の理念としてあります。当然ですが性教育の土台にある理念です。

　ただそれはあくまでも人間の尊厳の、目で見てわかりやすい、認識しやすい側面だと言っておきたいのです。私たちは子どもたちに語る時に、もっと自己決定の大切さ……最終的に何に基づいて自己決定をしているのか……を自らの言葉で語る必要があるのではないかと思います。

誰とキスするのか。誰とセックスするのか……。セックスするにも、中には自分の「からだ」を時間単位で売ったり、あるいは人の「からだ」を買ったりするという判断もあります。それも、それぞれの自己決定ですが、その行為は「人間の尊厳」にとってどのような意味を持っているのかを問うべきではないでしょうか。

　何を大切にして生きようとするのかということを子どもたちに話して、すぐに答えが出るわけではありません。私たち自身も、迷いながら模索しながら生きています。そうした課題を子どもたちと一緒に考えたいものです。

　しかし性教育は、先進的に性教育に取り組んでいる学校は別として、一定時間行われている場合でも、いまは1年間で小・中学校の全国平均でいえば3時間ぐらいです。それもかなり限定されたテーマ（生命誕生、月経・射精、異性愛を前提にした恋愛関係など）に内容を押し込んで授業が展開されているのが実際です。残念ながら、そのぐらいが平均的な状況で、子どもたちの現実と学びの要求から出発した性教育実践とは言えないのが現状です。

　これからの性教育を考えると、就学前の乳幼児の性教育がどうあるべきか、人生はじめからの性教育を本気で考えていくときではないかと思います。

2. 幼児期のジェンダー意識

 「自己感」の形成

　0歳・1歳から3歳というのは相当大きな変化の時期ですが、ここでは幼児前期ということで、まとめました。

　幼児期前期（1〜3歳）は「自分の存在に気づく自己意識からはじまり、対象の分化を伴って」、つまり自分と他者とを意識としては分けることができるようになります。お父さんお母さんと自分、家族と自分が、別の存在として分けて認識される。友だちでも、「普通の友だち」と「自分の仲よしの友だち」というようにどんどん分かれていく。それは、自分の存在を明確にするプロセスでもあります。

　スターン（William Stern, 1871-1938）という心理学者は、乳幼児の発達の基本として自己感（自分の感覚）をどのように形成していくのかが一つの大きな課題であると言っています。ここでいう自己感は、「自分」をどのように捉えるのか、ということです。

　いま私たちは、以前出版されていた『性の絵本〈全5冊〉』（大月書店、1992年）の新バージョンを作る準備をしています。まだ確定した各巻のタイトルではありませんが、第1巻は、『自分を大切にするって？』にしています。自分の存在をどう考えるかを中心にした絵本にします。2巻目が『からだってステキ！』、3巻目は『思春期ってどんなとき？』、それから4巻は『みんなもっている人権』、5巻『いっしょに生きるカタチ』という構成になっています。乳幼児期で大切な「自分」という存在をどう捉えていくのかという自己認識は発達の基礎でもあると思います。

私が心理学で共感をするのは、自分自身の存在を肯定的に捉える考え方です。いま注目をされているアドラー心理学は、自分のよいところをどう捉えて自分を発見し、未来志向で考えるというスタンスです。性教育でもこの点を大切に考えていく必要があります。

　乳幼児の性においても、自分というものをどう捉えるかという発達課題を正面に据えて、実践の課題を設定していく観点を持つ必要があります。

　これは私の好きな国、ニュージーランドの幼児たちの写真です。

　この施設（保育園）に行ったときに、子どもたちに「こっち向いて（Turn here!)」などと英語っぽいことを言ったら、「うるさいおとなが来たなあ」とこちらを見た顔なのです。写真を見ると、この時期から男の子は青い色、女の子は赤ピンク系と、服の色が分けられています。日本も海外もおそらくそうした傾向にあります。

　これも改めてみなさんに考えていただきたいのですが、なぜ男の子は青色系統で、男女共通の色は白、女の子はピンク色系統なのでしょうか。男の子に乳幼児期にピンクを着させたら、発達上何か問題が起きるかというと、そんな問題は起きませんよね。そうなると、親たちやおとなたちが青色やピンク色に込めている願いは何なのでしょうか。それは、男の子たちは頭がよく、強くて冷静な判断ができる、女の子たちは優しく、おしとやかな人になってほしい……そうしたジェンダー観が服の色に象徴されているのではないでしょうか。

幼児期のジェンダー意識に潜む課題

　ジェンダー（gender）とは、「生物学的な性別（sex）に対して、社会的・文化的につくられる性別」のことをいいます。「社会的に分類された性別意識」という言い方もできます。それは男の子は"男らしく"、女の子は"女らしく"という考え方と思い込みの型にはまった認識のことをいいます。

　2歳半から3歳は、善悪の判断＝「何がよくて何が悪いのか」、あるいは「こういうルールは守らなくてはならない」という基準を内面に形成していきます。そうした時期に、男だから、これは許される、暴力的であっても男はいいのだといったジェンダーの意識がだんだん表面化してきます。

　ですので、乳幼児の性の分野でも、子どもたちがどのように考え学ぶのかという現実を踏まえて、子どもたちにどんな問題提起をするか、ということが問われているのではないでしょうか。幼児期にジェンダー意識も徐々にかつ確実に内在化し、形成されていくことに対して、あそび、ことば、行動のそれぞれのレベルで対抗文化をどう創っていくのかを考え、条件整備をしていきたいものです。

　ほとんどの子どもが、この2歳半から3歳で自らの性別を認識するようになります。ことばの使い方、性器の違いやトイレの使用方法の違いを通じて、性別を理解していくようになります。自己を性別に分類することで、性別に応じた世界を作り上げ、行動パターンもジェンダーに合わせていくようになります。

　ジェンダー意識が形成されてくると、男の子は「もう女の子と一緒にままごと遊びはしたくない」などと言い、いわば「男の子らしい」荒々しいことばと遊び方が出てくる可能性が高くなります。それは「男は男なんだから、女の子と一緒に遊べないんだ」に始まり、「男は力が強いから、女の子のように弱くはない！」、さらに場合によっては「男は少々暴力を振るってもいいんだ」

となっていきます。そうしたプロセスに、ジェンダーがとても大きな意味を持つのです。

　2018年1月に、9年ぶりに改訂された「国際セクシュアリティ教育ガイダンス」（以下、「改訂版ガイダンス」）は、暴力の問題をとても大事なテーマとして押さえています。ジェンダーが基礎になって発しているジェンダー・ベーシック・バイオレンス（Gender basic violence）という行為について、引き続き議論されています。

　幼児期後期（3～6歳）は、自己意識の表明と、自分の考えや意思を主張する時期に入っていきます。「自分は」という自我が芽生え、おとなから見ると「わがまま」と受け取られる側面も出てきます。そして善悪の判断・秩序・規則などの価値観の獲得プロセスになります。

　とくにこの時期はジェンダーが刷り込まれていく時期でもあるので、意識的なことばかけがおとなたちには求められます。ジェンダーの刷り込みは、ことばと行動を通して、パターン化することで性別二分法が浸透してくるのです。

3. 性教育のこれまでとこれから

 日本の性教育の遅れ

●表2　主要な性行動行動経験率

経験の種類	調査年度	1974年	1981年	1987年	1993年	1999年	2005年	2011年	2017年
デート	大学男子	73.4%	77.2%	77.7%	81.1%	81.9%	80.2%	77.1%	71.8%
	大学女子	74.4%	78.4%	78.8%	81.4%	81.9%	82.4%	77.0%	69.3%
	高校男子	53.6%	47.1%	39.7%	43.5%	50.4%	58.8%	53.1%	54.2%
	高校女子	57.5%	51.5%	49.7%	50.3%	55.4%	62.2%	57.7%	59.1%
	中学男子	−	−	11.1%	14.4%	23.1%	23.5%	24.7%	27.0%
	中学女子	−	−	15.0%	16.3%	22.3%	25.6%	21.8%	29.2%
キ　ス	調査年度	1974年	1981年	1987年	1993年	1999年	2005年	2011年	2017年
	大学男子	45.2%	53.2%	59.4%	68.4%	72.1%	73.7%	65.6%	59.1%
	大学女子	38.9%	48.6%	49.7%	63.1%	63.2%	73.5%	62.2%	54.3%
	高校男子	26.0%	24.5%	23.1%	28.3%	41.4%	48.4%	36.0%	31.9%
	高校女子	21.8%	26.3%	25.5%	32.3%	42.9%	52.2%	40.0%	40.7%
	中学男子	−	−	5.6%	6.4%	13.2%	15.7%	13.9%	9.5%
	中学女子	−	−	6.6%	7.6%	12.2%	19.2%	12.4%	12.6%
性　交	調査年度	1974年	1981年	1987年	1993年	1999年	2005年	2011年	2017年
	大学男子	23.1%	32.6%	46.5%	57.3%	62.5%	63.0%	53.7%	47.0%
	大学女子	11.0%	18.5%	26.1%	43.4%	50.5%	62.2%	46.0%	36.7%
	高校男子	10.2%	7.9%	11.5%	14.4%	26.5%	26.6%	14.6%	13.6%
	高校女子	5.5%	8.8%	8.7%	15.7%	23.7%	30.3%	22.5%	19.3%
	中学男子	−	−	2.2%	1.9%	3.9%	3.6%	3.7%	3.7%
	中学女子	−	−	1.8%	3.0%	3.0%	4.2%	4.7%	4.5%

　表2は、中高生・大学生の「主要な性行動経験率」に関する統計です（『青少年の性行動』第8回調査報告、日本性教育協、2018年）。

　現実には、これだけ性行動の経験があります。なのにどうして、日本ではこんなに性教育が遅れているのでしょうか。

　よく言われているのは、これを教えたら「無知な子を刺激して問題を起こ

すことになる（性行動を誘発する）」という、「寝た子を起こす」論です。この考え方は、戦後から現在まで、とくに性教育政策においては一貫して根強くあります。

性教育の教育内容について、文部科学省（以下、文科省）の学習指導要領では、いわゆる「はどめ規定」があります。

学習指導要領には、小学校5年生の理科で「受精に至る過程は取り扱わないものとする」という文言があります。中学校の保健体育も「受精・妊娠までを取り扱うとし、妊娠の経過は取り扱わない」ことになっています。この規定は妊娠まで取り扱うとしているのに、妊娠の経過は取り扱わないというのは意味不明です。妊娠の経過＝性交への「はどめ規程」を押しつけているということです。

これは性教育をしにくくする踏み絵になっています。性教育を抑えつける機能をもっており、「学習指導要領にこのように書いてあるのだから」と根拠にされてしまうのです。そのため、世界の性教育から見れば遅れに遅れている状況です。

性教育においては、例えば性交というテーマは避妊・中絶の前の段階あるいは併行して学ぶ課題です。私たちはハウツーセックスを教えようといっているわけではありません。人間が生まれてくる性行動のプロセスには受精が必要です。現代では必ずしも性交を通してではなく、人工授精などの方法も含めながら、受精の説明をしなくてはならない現状があります。

しかし学習指導要領では、「受精に至る過程」を"セックスの方法を教えている"かのように、ワザと誤った認識を拡げている策略があります。ということは、意図的に誤った性教育像を作り上げているのが実際です。

「性を抑制する教育」の歴史

さて、食べ物のクラッカーをご存じでしょうか。

実はクラッカーは発明品なんです。時々輸入食料品店に行ったら、売っています。その中に「グラハムクラッカー（全粒粉入りクラッカー）」というものがあります。なぜここでそれを出したかというと、自然な味のクラッカーは1829年、アメリカのグラハム牧師（Sylvester Graham）が、ソロセックスの欲求を抑制させるために発明したものだからです。クラッカーはそうした意味で子どもたちに食べさせるための発明品だったのです。

　そして、グラハムの影響を受けたハーヴェイ・ケロッグ博士（John Harvey Kellogg）は、コーンフレークを発明しました。青年たちあるいは病院にいる特に男性たちに、性欲を湧き立たせないための食べ物として作られました。こうして性的な欲求を抑制し、活発化させないための"努力"をしてきた歴史があるのです。

　海外だけでなく、戦後の日本でも、性を抑制的・管理的に扱ってきた歴史があります。

　1952年に文部省初等中等教育局が「中・高生徒の性教育の根本方針」を作成します。少し引用しますと、中学生・高校生に対する「性教育の基本は、生徒に性の知識を与えるというよりは、おう盛な活力、精力（エネルギー）を健全な方向に向けてやるような興味深い経験（スポーツ、広はんなレクリエーション活動等）を与えるようにすること」（原文ママ、以下同様）というのが、1950年代、性教育の根本方針の第一に挙がっているのです。

　二つ目に、「生徒の生理的成熟、発達には著しい個人差があることから、個別指導が本体であること」。集団で指導するのはあまりよくないと。いま日本の文科省の方針もこういう方向、特に東京都の「性教育の手引」はこのような考え方に立っています。

　そして三つ目に、「いたずらに新しい知識を与えることは、生徒の好奇心をしげきすることにもなる」。そういうことを言っているのです。

　日本の子どもたちへの性の管理という姿勢が、今日まで一貫して継続して

いるのが日本における性教育政策の実際となっています。

 ## 自己肯定感・観を中心に

性教育については、みなさんに考えていただきたいことがあります。

学校教育あるいは保育所・児童養護施設もそうなのですが、いま一番大事なのは、自己肯定「感」と、もう一つ、自己肯定「観」です。「自己肯定」とは端的にいえば自分のことを好きになる能力だと思うのです。

「感」というのは「感じる」。自分の事を好きだと感じること。それと「観」、好きに自分を見る観点。これを獲得していくことが、いまの子どもたちには大事なことなのではないでしょうか。

私は、先ほどの『性の絵本』を作る上で、第1巻で「自分を大切にする」ということを紹介しました。

● 図1

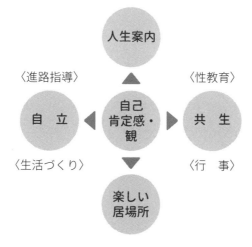

教育・保育実践の構図と性教育の位置
－何を大切にし、何をめざすのか－

図1は、「教育・保育実践の構図」を示しています。自己肯定感・観を中心として矢印が「人生案内」「共生」「楽しい居場所」「自立」の四つの方向に広がっています。

　考えていただきたいのは、「人生案内」と「共生」の交わるところに、実践が入るのです。例えば、「性教育」はここに入ります。「共生」と「楽しい居場所」なら、ここにはいろいろな「行事」なども入ります。「楽しい居場所」と「自立」だと、「生活づくり」、人生案内と自立の交わる領域には「進路指導」が入ってくる。このように位置づけ、考えてもらってはいかがでしょうか。

　性教育は万能ではありません。しかし、この全体の中で絶対に抜くことができない課題……「人生案内」と「共生」に関わる課題として、また性的自立の課題として性教育があると考えています。

　詳細は省略しますが、性的自己決定能力の柱としては「知識・態度・行動・スキル・価値観」の五つを挙げておきます。

これからの性教育の課題

　私が40年の活動をともにしてきた「性教協」（一般社団法人"人間と性"教育研究協議会）は、性教育の課題について、科学・人権・自立・共生を基本理念としてきた民間の教育研究団体です。それについて私見を具体的にお話しします。

　4つの基本理念を踏まえて、性教育の今後の四つの方向性を考えると、その一つは、「性の自己受容・自己実現」。性的指向の違いだけで、マイノリティの人たちが自分を受容できない・表現できないということは、性教育のスタンスから見ても人権の立場から見てもあってはならないことです。そうした点でも、性の自己受容・自己実現ができることが大切だと思います。

　二つ目には「性の健康・性的よろこびの保障」。三つ目には「性行動の自己決定・自立」。

四つ目に、「性の平和・共生」。スウェーデンの刑法改正では、性の平和・共生という視点から、DV罪については「女性の平和に対する侵害罪」という新たな犯罪類型が出されている状況です。

　アメリカ性教育・情報協議会Siecus（シーカス）のガイドライン（第4版）には、「性的に健康なおとなとは」という37項目があります。その中では、自分の「からだ」に感謝する……appreciateという英語を使っています。自分の「からだ」に感謝するとは、よく知るという意味が感謝へとつながるといえます。自分の「からだ」をよく知ることで、「よくこういうふうに動いてるなあ」と実感する＝愛おしく思うことです。

　つまり、「不思議」という感覚ではなく、「からだ」はネットワークで動いていることを理解し、自分の「からだ」を科学的に理解したうえで愛おしく思う。それは自分の好きな人の「からだ」も愛おしく思えるということとつながっていくのではないでしょうか。

　その37項目の最後には、「性に関して、他の人を教育する」、今度は話す側に立つという項目もあります。

●図2　アメリカ性教育・情報協議会のガイドライン
　　　　「性的に健全なおとなとは」37項目（※抜粋）

- ・自己のからだに感謝する（からだをよく知る）
- ・性的な発達を含む人間の発達を肯定する
- ・自己の行動に責任を持つ
- ・有効な意思決定をする
- ・衝動的行動をせずに、性的感情を楽しむ
- ・正直で楽しく安全な性関係を持つ
- ・すべての人が性に関する正確な情報を知る権利を勝ち取る
- ・性に関して、他の人を教育する

男性という性の存在証明

　性的発達段階のポイントとして、一つだけ「男子の児童期（小学校高学年）－否定を通しての男性意識の形成」についてお話ししておきたいと思います。

　女性は、圧倒的に多くの人たちに「からだ」の変化があります。否が応でも胸がある程度ふくらみ、月経を迎えるという形で、女性であることを自覚することになります。ところが、男性が男性として自らを受け止めるようになるという時、みんなが筋骨隆々になるわけではありません。「男性の力は強い」などというのも、かなりの差があります。

　したがって、男性という性の存在証明は、実は明確なものはないのです。だから、歴史的に見れば、武士では頭を剃ってまげを結うことで外形的に男であることを証明する「元服」という儀式がありました。

　このように男たちの存在証明は実は明確にはできないので、それで男性は二つの否定形で自分の存在を証明しようとします。ひとつは「女のような弱い存在ではない」。「女性性」の否定です。お母さんへの反発のベースの一つだと思います。もう一つは「男を好きになるような男は男ではない」という同性愛嫌悪なのです。

　この二つの否定のスタンスを明確にすることで、男は男になる存在証明をしていくのです。だから、ゲイの人に対する暴力的な対応、女性への蔑視というのは、男が男であるための一つの存在証明になっているのです。

　小学校高学年は、身体的にも大きな変化をします。性教育でも、子どもたちと何を対話していくのかが問われる年齢、一つの転換点です。前期思春期・思春期の入口として受け止めたいと思います。

「包括的性教育」とは

　戦後日本の性教育は、一貫して道徳教育の範疇で考えられてきており、長く、女性向けの性教育でしかありませんでした。その性教育は月経教育と女性の性行動の抑制学習として展開され、男性たちはそうした教育対象から外されてきたのです（拙稿「"青少年の性"はどう捉えられてきたか〜戦後日本の性教育政策と国際的スタンダード〜」『青少年問題』一般財団法人青少年問題研究会、2019年10月）。そうではなく、性教育の学びの対象は「すべての人」なのです。高齢者も乳幼児も、そして男も女もです。そうした、すべての人に学んでもらう必要があります。

　「包括的性教育」という言葉の意味は、まず一つ目に、男の人だけ、女の人だけ、誰々だけ……のためではなく、乳幼児期から「全ての人を対象に」ということです。性教育は「寝た子を起こす」論によって、低年齢では無知な子を目覚めさせてしまうことになり、問題を起こしやすくなると考えてしまう傾向があります。しかし、現実には子どもたちは性情報のシャワーを浴びながら、半強制的にたたき起こされているのが現実です。

　そして二つ目は「性的発達のすべての局面に」、三つ目は言うまでもないことですが「さまざまな共生をはぐくむために」という目標が共有されています。こうした三つが「包括的性教育」に必要な柱、ポイントです。

　宗教的バックボーンをもった性教育の中には「結婚まではセックスしない」という誓いを立てさせるようなカッコつきの性教育もあれば、「これをしたら病気になる」とか「死ぬ可能性もある」と脅す性教育もあります。そうした中でいま私たちが求めているのが、「包括的性教育」です。

4. 国際セクシュアリティ教育 ガイダンス(改訂版)から考える

　「国際セクシュアリティ教育ガイダンス（改訂版）、International technical guidance on sexuality education　UNESCO 2018」（以下、「改訂版ガイダンス」と略記）の骨格と特徴を紹介することにします。

　「改訂版ガイダンス」は性教育の国際的スタンダード（標準）として性教育実践と運営のガイダンス（案内、手引）であり、世界のどの国の子どもたちにとって必要な学びの内容が網羅されています。

　性教育における国際的スタンダードは、「包括的」という形容詞が使われますが、その意味は①子ども・青年のセクシュアリティ形成と性的現実のなかに明確な課題を見つけ、②性的発達のすべての局面に対応できる性教育プログラムを用意し、③人生のなかで遭遇する性的などのような状況をも判断し、個人の尊厳を踏まえた性的自己決定ができる能力を形成することであり、④他者を排除することなく、人間の尊厳に基づいた豊かな共生能力をはぐくむことが柱にあります。

1)「改訂版ガイダンス」の目的

　「ガイダンス」の基本的なスタンスである科学的な根拠に基づいた包括的性教育は、第1の軸として、子ども・若者の発達を年齢に適した知識、態度、スキルを獲得することを可能にするという課題を担っています。それは人権の尊重、ジェンダー平等、多様性を重視する人間への肯定的価値観の形成を基盤にしており、特に知識の獲得なくして、態度、スキルの形成をはぐくむことは困難です。知識は理論の学びとともに事実・現実・真実を学ぶことで獲得していく基本的な能力です。

第2の軸は、安全で健康的な人間関係を形成するための態度とスキルを獲得することをめざしています。ここでいう「態度」とは、物事に対したときに感じたり考えたりしたことが、言葉・表情・動作などに現れた行動の準備状態をいいます。知識、態度、行動、スキル、価値観（何を大切なことと考え、何をそうでないと考えるか、という観方）は不可分の関係にあって、相互に補完的で相乗効果を発揮する関係にあります。

　第3の軸は、子ども・若者がネットやメディアを通じて過剰な性的情報に晒されている現実に対して、賢明で責任ある行動をするためには科学的な知識とスキルを獲得することが課題として強調されています。乳幼児期、学童期の子どもたちにおいてもネット情報などとの接触が確実に大きくなっている現実のなかで、人生はじめの時期からどのような性の学びをはぐくむことができるかを考えてみたいですね。

2）ガイダンスの基本的要素と構成

　「ガイダンス」に凝縮されている包括的性教育の基本的要素として、以下の10点が整理されています。

　①科学的で正確であること：徹底して事実と科学的根拠に基づいていること

　②漸進的であること：各段階を踏まえながら学んでいくスパイラル型（らせん状の連鎖的発展）カリキュラムであること。月経のテーマも各年齢段階で学習する内容・論点が変わってきます。

　③年齢・成長に即していること：子どもの発達の変化に柔軟に対応する内容であること。

　④カリキュラムベースであること：教師が生徒の学習を支えるためのガイド的要素を持つ。

　⑤包括的であること：広範囲でかつ深い学習と繰り返しの学習に支えられ

ていること。

⑥人権的アプローチに基づいていること：自分と他者の権利に気づき、誰かの権利が侵されている際には、それに対して立ち上がるちからを育成することをめざしている。

⑦ジェンダー平等を基盤にしていること：ジェンダー規範がいかに不平等を作り出し、健康や幸福の阻害、性感染症、意図しない妊娠、ジェンダーを基盤にした暴力等を防ぐために影響しているかを学ぶことがあげられる。

⑧文化的関係と状況に適応させること：文化や社会規範が個人の選択と関係形成に影響しているか、そうした現実に対抗し、実践することで責任ある関係構築のスキルを養う。

⑨変革的であること：より平等で寛容な社会の構築と変革をめざしていること。

⑩健康的な選択のために必要なライフスキルを発達させること：賢明な選択と効果的なコミュニケーションができ、自らの主張ができることをめざしている。

「改訂版ガイダンス」は、表3国際セクシュアリティ教育ガイダンス初版（2010年）と改訂版との構成の比較にあるように、参考文献、用語集、付録を除いて7章で構成されています。1章〜4章では包括的性教育の新たな定義とキーコンセプト、更新された科学的根拠とともに紹介されています。5章では、キーコンセプトやキーアイデアが年齢ごと（4区分）の学習目標とともに記述されています。

「改訂版ガイダンス」の構成は、約10年間の世界各地の実践を踏まえて、包括的性教育とは何かをより確信をもって理論化し、実践のあり方を整理してきました。新版の6項目に加えて「3：ジェンダーの理解」が新設され、さらに世界的な共通課題となっている子ども虐待・性暴力・DVなどの現実を

踏まえて「4：暴力、安全の確保」が加えられ、8項目となっています。

3) 改訂版で発展的に展開されたこと

　改訂版で大きく発展している内容の第1は、①セクシュアリティの基本として「多様性」の尊重が継続して位置づけられており、②人権を基盤とした実践の追究、③「ジェンダーの理解」が独立した課題として位置づけられ、包括的性教育を形づくる3本柱としてあります。初版では「多様性は、セクシュアリティの基本である」こととともに「セクシュアリティは、ジェンダーのとの関連なしに理解することはできない」ことがセクシュアリティ教育の核に位置づけられていました。また、全体として人権の理念は共通して貫かれていましたが、改訂版ではさらに力点が置かれています。

　第2に、キーコンセプトが初版では6項目でしたが、改訂版では8項目に増えており、増えた2項目は前述の「ジェンダーの理解」と「キーコンセプト4：暴力、安全の確保」です。あわせて「キーコンセプト5：健康とウェルビーイング（幸福）のためのスキル」では、「スキル」が重要な意味を持っていることを強調しています。この点をみても「学習者中心のアプローチ」という基本スタンスがさらに強化されています。

　第3に、知識、態度、スキルという学びの3つのレベルでより具体的に身に付けることが意識されています。知識として学ぶことを通して、態度とスキルの段階までいかに具体的に獲得していくのかが問われます。3つのレベルでの学びをどう保障するかという観点から、私たちの性教育実践の目的と内容を検討していきたいものです。

　第4に、ポジティブなセクシュアリティ像の形成という発展的な方向があげられます。性のネガティブで、問題行動を誘発するといった捉え方から、人権を保障し、一人ひとりのしあわせをめざすスタンスを重視しているのです。

　第5として、初版でも意識されていた事項ですが、インターネット、ソー

シャルメディアに対する知識・態度・スキルの対応力が問われています。安全な使い方に習熟していくためのトレーニングが必要になっています。

✏️ 「ガイダンス」を踏まえて、乳幼児の性教育プログラムの立案と実践の創造へ

「ガイダンス」は、5歳〜8歳から18歳までとそれ以上の年齢的な4段階のプログラムを用意しています。

年齢段階別プログラムという観点からいえば、0歳〜4歳のプログラムは提示されていません。各国での教育・保育制度がちがっていることもあり、この年齢については明示されていません。しかし、乳幼児からの性教育が必要であることは言うまでもありません。これまでの発達研究と性教育実践の蓄積を踏まえて、0歳〜4歳のプログラムを試作的に作成していくことが課題となっています。

緊急の課題として、「新型コロナウイルス」からからだを守る知識・態度・スキルの学びを具体化することを性教育実践の課題としたいと考えています。自らの健康といのちを守るとりくみのあり方を、実際の課題を前にして実践を創造していくことにチャレンジしたいものです。

なお、「改訂版ガイダンス」に関しては、浅井春夫「国際セクシュアリティ教育ガイダンス（改訂版）の全体像〜改訂版の意義、目的、特徴、活用方法を考える〜」（『季刊セクシュアリティ』94、2020年1月）を参考していただければと思います。

●表3　国際セクシュアリティ教育ガイダンス初版(2010年)と改訂版との構成の比較

国際セクシュアリティ教育ガイダンス（初版）、2010年		国際セクシュアリティ教育ガイダンス（改訂版）、2018年	
第Ⅰ部	セクシュアリティ教育の論理的根拠	第1章	イントロダクション（序論）
	序論、2.背景、3.CSE（包括的性教育）実践のための支援の構築と計画の立案、4.CSEのための実証的基盤、5効果的なCSEなCSEプログラムの特徴、6教育機関におけるすぐれた実践、付録	第2章	包括的性教育を理解する
		第3章	若者の健康とウェルビーイング
		第4章	科学的根拠に基づく包括的性教育
		第5章	キーコンセプト、トピック、学習目標
			キーコンセプト1：人間関係
第Ⅱ部	内容項目と学習目標		キーコンセプト2：価値観、人権、文化、セクシュアリティ
	1.序論、2.年齢の範囲、3.学習の構成、4.独立したプログラムか関連付けたプログラムか、5.構成、6.基本構想と内容項目の概要		キーコンセプト3：ジェンダーの理解
			キーコンセプト4：暴力と安全確保
			キーコンセプト5：健康とウェルビーイング（幸福）のためのスキル
	7.学習目標		キーコンセプト6：人間のからだと発達
	基本的構想1：人間関係		キーコンセプト7：セクシュアリティと性的行動
	基本的構想2：価値観、態度、スキル		キーコンセプト8：性と生殖に関する健康
	基本的構想3：文化、社会、人権	第6章	支援体制の構築とCSE実施のためのプランニング
	基本的構想4：人間の発達	第7章	効果的な包括的性教育プログラムの実施
	基本的構想5：性的行動	第8章	参考文献
	基本的構想6：性と生殖に関する健康	第9章	用語集
	付　録	第10章	付　録

註1）CSE：包括的セクシュアリティ教育

5. 幼児期の性教育と コミュニケーション

乳幼児期の性をめぐるさまざまな課題
～具体的な課題と場面を列挙しただけで42項目

　乳幼児期の性をめぐる課題として、具体的な課題と場面を列挙しただけで、42項目にもなります。

　ここでは学童期に入る前の乳幼児期の性をめぐる課題について、箇条書き的に列挙しておきます。具体的な性教育実践と声かけの内容に関しては、具体的な「Q＆A」で取り上げているので、そちらを読んでいただければと思います。

1) 性教育をすすめる基本問題

　①「乳幼児期に性教育・性の学びは必要ない」という意見に対して、何を語りますか？

　②排泄の援助に関する性器・排泄器ケアについて必要なことは何？その際の幼児のプライバシーの尊重のあり方については？

　③男性保育士の排泄ケアを嫌がる保護者に対する説明は？

　④性器の名称はどう呼ぶことができるか－さまざまな呼び方のメリット・デメリット

　⑤保育者の胸やからだを触ってくる子どもへの対応について

2) 「からだ」に関する課題

　①「からだの権利」について学ぶ

　　性器を触っている子どもへの視線のあり方－呼び方の工夫、性器いじり、性器さわり？！性器タッチ…

からだの尊厳と、性被害防止と「プライベートパーツ」の伝え方

②「おちんちん」に対して、女の子の名称は？

③睾丸、肛門、尿道口、膣などの説明－幼児に教えるのはまだ早い？

④女の子の排泄器（尿道口）のふき方はどう教えていますか

⑤勃起についての説明

⑥着替え環境の検討－男女一緒？男女の分離？

3)「いのち」に関する課題

①出生・出産に関する学び方－お母さんへの感謝だけでなく、出生のしく
みの学びを

　〜赤ちゃんはどこから来るのかを学ぶ－精子と卵子の結合－

②生と死の学びはどうあるべきか－幼児期の認識からどう展開できるか

③「いのちって、どこにあるの？」と聞かれたら、どう答えますか？

④いのちの誕生に父親の存在はどのように説明されますか？－お母さんか
ら生まれて、お父さんに似てるって？

⑤ワタシも大きくなったら、赤ちゃんを産むの？と聞かれたら

⑥子ども自身の名前について学び合う

4)「性行動」に関する課題

①覚えたての性用語を使っていることに対して

②子どもはキスしてはいけないの？という質問に

③「セックスってなあに？」という質問に対して

④お父さんとお母さんもセックスするの？に対して

⑤人が嫌がることについての学び－自らが嫌なことも考える

⑥性的虐待・性被害について学び、助けの求め方をトレーニングする

5)「性の多様性」「関係性」（ジェンダー・家族など）に関する課題

①家族と愛情についての説明は？－家族の多様化という現実を踏まえて

②父母の離婚を体験した子どもへの援助と語りかけ

③スカートがはきたいという男の子に対して、どんな声かけをしますか？

④遊びの中の男女分離を考える－おんなはあっち行け～！にどういう言葉かけを？

⑤ことばのなかのジェンダーを考える－男ことば、女ことばを使うことに対して

⑥同性愛への偏見と刷り込みに対して－"オカマ"、ゲイってなに？

⑦ともだちの意味を考える－よいともだちといやなともだちについて

⑧嫌なことはいや！と言える自己表現を学ぶ

6）「社会関係」に関する課題

①性犯罪・性的虐待の加害者の存在と子どもが自らを守るちからの形成

②障がいについてどう伝えていくか

③いじめをどう考え、どのように対処できるか－男の子のいじめ行為の発達上の意味

④子どもポルノについてどう伝えるか－性的虐待・「小児性愛者」（ペドファイル）に関連して

⑤テレビや動画で扱われている社会問題の取り上げ方－例えばホームレスの方をどう説明するか

7）「性教育」に関する課題

①乳幼児期の子どもの性的現実（例えばインターネットとの接触状況）と性的発達の課題をどうみるか

②幼児期の性教育をすすめる上で、大切な課題とテーマについて

③乳幼児期の性教育実践の優先すべきポイントとは何か

④乳幼児の性教育実践者に求められるちからとは何か

⑤保護者との課題の共有のあり方

⑥幼児期の性教育をすすめるうえでの専門機関等とのネットワークの作り方

以上、ざっと取り上げても、42の課題があります。これらの課題を列挙したしただけでも、乳幼児の性教育は人生はじめの性的発達を保障する実践であるといえます。

乳幼児期の性の学びとは

　乳幼児期に、性教育や性の学びは必要ない、という意見も少なくありません。しかし、自分という存在を勉強するには、自分の「からだ」を学ぶところから入っていきます。自分の存在についての学びは、乳幼児にとっても必要です。いわゆる排泄器・性器を「からだ」の学習として位置づけていくことも大事なことです。

　一番初めに述べたように、現代は性についての情報にウソやまちがいが増えて、必要以上に子どもたちの中に入ってくる。それも乳幼児期から入ってくる。そのことを、いまの時代の状況として見なくてはならないと思います。

性器をどう呼ぶか

　研究運動の中でも、いろいろな議論があります。男の子だったら、「ペニス」と呼ぶか、「おちんちん」と呼ぶか。

　みなさんも性教育をしようと思ったら、女性器＝「あそこ」などという呼び方ではなく、性器の名称は子どもたちにきちんと教えなくてはならないと思います。

　「からだ」を大切にしようと思ったら、やはり固有名詞がない「からだ」の部位はあってはいけないし、空白であってはいけないと思うのです。その辺りをどのように考えるべきか、みなさんが現実に子どもや保護者と接して、議論していただきたいと思います。

　女の子の場合は、例えば、英語では、「ワギナ」（vagina）という言い方もあります。しかし外性器は「バルバ」（vulva）という英語の方が正確な表記

です。

　性器の名称として方言を使うのはよくないと思っています。関東だったら「オメコ」、九州だったら「ボボ」、東北の方だったら「オマンジュウ」などと言います。これは例えば関東の「オメコ」という言い方は、セックスと同義語です。したがって女性固有の性器の名称ではありません。ですから、私は方言を基本的には使わない方がよいと思っています。

　女の子の性器の名称についてどう考えるか、という議論は今後も続けていきたいと思います。

　私たちは、「乳幼児の性と性教育サークル」においても、性教協においても、団体の決定として「性教育の用語として、こういうふうに呼びましょう」ということはいたしません。みなさんの現場の中で使いやすさを検討しながら、それぞれの現場で使っていくことが必要であると考えています。無名である、または偏見が刷り込まれた言葉は避けるべき、という前提で、みなさんが実践で使っていただければよいと考えています。

　これもいろいろ議論はあるのですが、障がいと共に生きている子どもたちには「バルバ」とか「性器」という名称の学習ができないかというと、きちんと名称を伝えていけばできると考えています。

「からだ」の仕組みの学習

　性器の名称を機械的に教えること以上に、私がもっと大事にしたいのは、「性器というもの、バルバやペニスという器官は、どういう働きを持っているのか」をきちんと教えていくことです。それらは「内部の膀胱など、内臓とつながっている」という「からだ学習」の大きな一つの課題として、子どもたちに語っていく必要があるのではないかと思います。

　「からだ学習」のメインの課題は、「からだ」のすべてが連結していて、ネットワークでできているという仕組みを子どもたちにどう理解してもらうの

か、ということです。年齢に応じた子どもへの働きかけがあったらよいのです。したがって名称も大事ですが、「からだ」とそれぞれの部位がどういう機能を持っているかということとセットで学ぶことが必要と考えています。

　小学校中学年から高学年ぐらいの子どもたちへの性教育における「からだ学習」のポイントとして次の点をあげておきます。

　元々性器は、胎児の段階では「性腺原基」の段階では、男性・女性で共通なのです。むしろ人のからだ・性器について発生学的にみれば、女性性器が原型にあるといえます。性器の原型がグーッと伸びたのがペニスになり、クリトリスはそれが大きく突起していない……性器の違いの重要な部分です。例えばペニスの下側には黒く縫合したような陰のう縫線があります。それは亀頭の部分まで伸びている。一方、小陰唇は、くるんでいく。大陰唇のところが睾丸の袋になっていく。性器というのは男女の違いの原型のように言われます。戦後の性教育の大きなポイントは、男と女の違いを決定的な違いと強調する点でした。

　しかし私は、そうではなく、「元々は一緒なんだ、むしろ共通項の方が多いこと」ということに着目して説明した方がよいと思います。海外の人との、肌の色や言語などのさまざまな違いを強調するよりも、共通の機能、ほとんど人間のからだと機能は同じことを確認し、共通の認識をもてることを大切にしたいですね。

　性教育の今後の考え方、あるいは共生のあり方から考えても、性器がつくられていく仕組みとして「元々は一緒のところから分化をしてきた」と説明を加えていただく必要があるのではないかと思います。

「からだの権利」と肯定的メッセージ

　前述の「新版および改訂版ガイダンス」には、「からだの権利」という言葉があります。一般的権利を言っているのではなく、「からだの権利」と明確に

言っています。

これは「誰もが自分の『からだ』に、『誰が』『どこに』『どのようにして』ふれることができるかを決める権利をもっている」ということです。「ガイダンス」の「キーコンセプト4 暴力と安全確保」の「4．2同意、プライバシー、からだの保全」の学習目標（5 〜 8歳）です。

これは自らの「からだ」に必要な時に触ることができる権利として位置づけていくということです。いまその子にとって性器を触ることはこういう理由で必要だ、ということを、その年齢の段階できちんと保障してあげる。そして自分の性器を触ることについて、排除するようなメッセージを送らないことが大事です。

性器を触っている子どもへの視線のあり方については、例えば、「性器いじり」という言葉がよく使われたりしますが、「いじる」というのは比較的マイナスのひびきがあります。人によってイメージはそれぞれ違うと思いますが、「性器いじり」という言葉にあまりよくないという意味が刷り込まれているとすれば、性器に「触れる」とか「触る」ことについて、価値観や評価を除いた言葉で伝えるようにした方がよいのではないでしょうか。

人間の手というのは、手持ち無沙汰ですることがなかったら、多くの人が手は股間に当たるようになっています。したがって何もなければ、男性か女性かにかかわらず、自分の手は性器を触るようになります。

男の子はズボンの上からでも触りやすい。ズボンの中に手を突っ込めばすぐ触れるから、当たるようになりやすいのです。触ったからといって何か問題があるでしょうか。具体的に考えてみてください。何か病気になるとか、無茶苦茶泥んこでべちゃべちゃになった手でわざわざペニスを触るということはないと思うのです。そうすると、「できるだけきれいな手で」と言われるのはよいのですが、触るということについての"否定的なやめなさい！メッセージ"にはならないようにしたいものです。

人間にはひとりでいる時間も大切ですが、手持ち無沙汰にしている……放置されている子どもの状況を受け止めないといけないのではないか、と思うのです。寂しい時に触れるということも、あると思うのです。

衛生的なケアを

　幼児の性器・排泄器ケアの問題は、「性器タッチ」の時の問題ではなく、洗い方・拭き方です。放置されていて、痒くなって触って掻いていたり、触っていて快感を覚える……というようなこともあります。ですので、性器ケア・衛生的なケアをどうしていくのかを、子どもたちにきちんと教えてあげないといけません。

　これらのケアについては親も、丁寧にみるということはなかなかできません。乳児の場合はオムツを換えるなどで、ケアできるかもしれません。しかし幼児になるとそうはいきません。性器のケアを自分でできるようになった年齢について言えば、どうセルフケアしていくのかを、やはり教えていかないといけないのです。

　ペニスケアであれば、きちんとペニスの先端を出せるようにむいて、そしてそれを綺麗に洗うということですね。最初は、恥垢が白くこびりついていて、とても痛いこともあります。そうしたちょっとしたトラブルについても、もし手助けが必要であればきちんと取ってあげながら、それが溜まらないように、ある程度定期的にお風呂でペニスを洗うことを教えてあげたいですね。

　女の子も尿道口を拭く場合、周りなどに紙がこよりのように丸まって付着することがあり、それが痒みなどの元になることがあります。

　こうした点についても私たちは、「きれいにしなさいよ」と言うだけで放っておくのではなく、また性教育ということで知識を伝えるだけでなく、性器（膣口）や尿道口を衛生的に保つためのスキルとして細部にわたって必要なことをきちんと教えないといけないのです。とりわけ乳幼児の生活に関わって

いる保育者の方々は、それが必要なのではないかと思います。

　乳幼児への具体的なケアに関する項目を、二つ挙げておきます。

・男性保育士の排泄ケアを嫌がる保護者への対応

　これについては、それぞれの保育園の先生方も、いろいろ考えて議論をされたり保護者との話をされたりしていると思います。

　一般的には、男性保育士が女の子の排泄ケアをすることを心配される保護者がいます。それを「そもそも女性が男の子のケアをしているんだから、その反対でも何もおかしくはないでしょう」などと言っても、その不安は必ずしも拭えるわけではありません。逆に女性保育士が男の子の排泄ケアをしている点について心配をされる方がいることも事実です。

　そうであれば、個室でマンツーマンでケアするというだけではなく、「保育士同士がお互い注意を払えるような共通の空間で排泄ケアをしていますよ」という説明も、場合によっては必要でしょう。丁寧に話をしながら「こういう方法でやっています」と説明できるのが、私は一番よいと思います。

　それでも保護者の方が不安だと言うのであれば、子どもに聞くように「どんなところが不安なんでしょうね」「心配なこと、気になっていることを話してもらえますか」と聞いていただいてもよいのではないでしょうか。そして誠意をこめて説明をしていきたいものです。

・排泄行為の援助・排泄器ケア

　排泄のケアの際の、幼児のプライバシーの尊重のあり方についてお話しします。

　女の子は排尿後の拭き方ですね。

　男の子はペニスを持って、こぼしたら拭く。ペニスを持っておしっこするということは、自分の「からだ」をコントロールする意味でも、おしっこし

やすいようにするという意味でも、こぼさないためにも、必要なことだと思います。

　同時に、持っても持たなくてもこぼしたら拭くというトイレのモラルも、大切にする必要があります。トイレというのは排泄を「する」ことで、ときにはこぼして「汚す」こともあるわけです。

　いま家庭では洋式便器が一般的なトイレのスタイルになっています。男の子たちは家では、おしっこはペニスを持たないでも座ってすればできてしまいます。そういうことを考えますと、公共のトイレの使い方を勉強する必要があるのではないでしょうか。

　いまの子どもたちには、和式と洋式、二つの使い方を体得せざるをえない環境にあるのではないかと思います。

「からだ」を守る力をつける

　前述の「改訂版ガイダンス」では、「からだの尊厳」についても明記されています。とても大事なキーワードだと思います。これをどのように語っていくかで、私たちの性教育の質が問われる問題です。そのことは置いておいても、「からだ」の尊厳を踏みにじられるのが、性的虐待であり性被害です。

　いま「プライベートパーツ」という言い方がされています。しかし、私も含めて、安達倭雅子さん、北山ひと美さん、中野久恵さん、星野恵さん、絵・勝部（小林）真規子さんと一緒に作った『あっ！そうなんだ！性と生』（エイデル研究所、2014年）という本では、「プライベートパーツ」を具体的な「性器」であるとか「水着をつけるところ」というようには説明していません。基本的に「からだ全体」がプライベートな、あるいはプライバシーに属する部位なんだということを教えた方がよいと思うからです。

　なぜなら性被害の加害者は、最初からパンツの中に手を突っ込んでくるわけではありません。子どもを誘導してどこか陰……個別の空間・他の人が見

ない空間など……に連れて行き、「からだ」をタッチングしながら加害に及びます。初めから胸やお尻を触るわけではありません。

ですから「からだ」のどんなところを、触られても、嫌だと思ったらちゃんと「嫌だ」と言い、そこから離れる、誰かに言う、ということをきちんと子どもたちに教えないといけません。「プライベートパーツは、ここですよ」「ここは他人に触らせてはいけません」と教えると、「そこに触るまではＯＫだ」という反対のメッセージを送ったことになる落とし穴になる可能性すらあります。

みなさんが性教育をされる時、「言って安心」という性教育ではいけないのです。子どもたちに、自分の「からだ」を本当に守る力をどうつけていくかが、大事なのではないでしょうか。

あるアメリカのテレビ局が、子どもが被害に遭う瞬間をたまたま映して放送しました。公園の映像をテレビで放送していた時に少し遠くの方で、加害者が子どもに「私が連れてきた犬が、あっちのトイレの裏の方に行ったんだけど、一緒に探してくれる？」と話しかけ、その子は連れて行かれるのです。

この映像がきっかけとなり、子どもの被害の遭いやすさが問題となって、後に実験が行われました。すると同じ方法で、男の子・女の子にかかわらず多くの子どもたちが、実験ではついて行くわけです。「こんな可愛い犬なんだけど」などと写真を見せられたら、すっかり信じてしまいます。どのくらいで騙されるかというと、子どもたちは「35秒以内」で連れて行かれる、というのが実験の結果なのです。したがって、加害者とのファーストコンタクトのところで子どもがきちんと判断できるかどうかが決定的に重要なのです。

だから「プライベートパーツ」と言うとき、不必要で関係もないのに触ってきたり誘導してきたりということにどう判断をしていくのか、という問題

があります。

 ## 「いのち」をどう語るか

　乳幼児期、学童期の性をめぐる課題の一つに、「いのち」に関わるものがあります。基本的には「からだ」の学習です。私がさらに意識したいのは、「いのち」というキーワードです。

　いま、小学校あるいは中学校の道徳教育の中心テーマは「いのち」になっています。しかし「いのち」の定義は、かなり曖昧です。実証的でも科学的でもありません。なのに道徳の教科書でも「いのち」が多用されています。

　もちろん、全国で先生方が実践されている「いのちの学習」を否定しているわけではありません。私たちは「いのち」という用語の持っている曖昧さの問題について、意識をした方がよいと考えています。

　みなさんも子どもたちに聞いていただきたいのですが、「いのち」はどこにありますか、と尋ねたら、子どもたちはいろいろな答えをします。「心臓のここの部分」とか、「頭の中」とか。「からだ全体」と言う人もいます。

　文科省が言う「いのち」の教育で、私が問題だと思うのは、「いのち」をどう使うかによってその人の価値の有無があるかのようにいうところです。そうした「いのち」の使い方の優劣を教えるような道徳教育については、私は全く賛成できません。「いのち」は、「その人がそこに存在しているだけで、もう意味があるのです」と教えればよいはずなのです。その「いのち」を「どう使うか」というところに誘導することについては、到底賛成できません。

　「ガイダンス」の中には、「赤ちゃんはどこからくるのか」についても書いてあります。客観的に言えば、精子と卵子が「からだ」の中で結合・合体するということ。そうした、受精卵が赤ちゃんに至る過程について、偏見抜きで科学的に淡々と語ることです。お父さんからではなくお母さんから生まれて

いるのに、お父さんに似ているというのは、そこに精子からのDNAの受け継ぎがあるからです。

でも、子どもはお母さんとお父さんのDNAを受け継いではいますが、そのDNAでその子どもが100％方向づけられているわけではありません。その子どもが主体的に、どういうことを価値あるものとして考え生きていくか……などについては、その人自身が学び、体験し、獲得していくものだ、と教えるべきではないかと思います。

人間の一生……精子・卵子、受精卵、胎児の段階、そして出生し死ぬまでの人間を、トータルとしてどう受け止めていくのか。それを、子どもたち自身の人生の見通しの「基礎の基礎」＝自分を大切にすることを、みなさんが知らせていくということも必要なのではないかと思います。

人生の選択についても、ワンパターンではない人生を語ることを大事にしていただければと思います。赤ちゃんを産む人も、産みたい人もいるし、産みたいと思うけど産めない人もいるし、産まないという選択をする人もいる。

いろいろな選択がある、ワンパターンでない人生を、どう語るか。少なくとも人生の選択をする前に、「からだ」の成長の基本的な見通しについては、誰でもほぼ共通しているんだ、ということについて学ぶことを大切にしたいですね。

「いのち」に関連して、子ども自身の名前を通して、生い立ちの出発点を親子で共有することもよいでしょう。

ゼミ生などいろいろな大学生に聞くのですが、意外と自分の名前がどのようについたかを知らない人が結構いました。

児童養護施設の場合……父子家庭、母子家庭もありますが……お父さんお母さんに聞きにくい場合も、あるかもしれません。でも、自分の名前やその生い立ちの出発点は、親子で語れることです。親子関係をもう一度考え

る上でも、「こういう願いを持って名前をつけた」という話ができたらよいのではないでしょうか。

　私の浅井春夫という名前で、「何で夏に生まれたのに春夫なのかな」とずっと思っていましたが、特に両親に聞きませんでした。子ども心に「大した答えが出そうにないな」「聞かないでいいかな」と思いました。

　でも成人になって、あるとき、尋ねると、名前は春男から治夫、そして春夫に変わってきたことがわかりました。それは戸籍上の親が変わってきたこととともに名前を変えたとのことでした。私の空白のおいたちを名前を通して知ることになりました。

　名前に関してもみなさんが、性教育をもっと広い意味で捉え、いろいろなことを語っていただいたらどうかなと思います。子どもの権利条約第7条（名前・国籍を得る権利、親を知り養育される権利）、第8条（アイデンティティの保全）に関わる子どもの成長を語ることもできるのではないでしょうか。

「性行動」に関する子どもへの言葉かけ

　子どもは覚えたての性用語を使うことが、よくあります。「セックス、セックス」とか、「ぼっき（勃起）、ぼっき」とか。そういうことばを言いたがる子どもがいます。その子がそうした性用語を言うのはそれなりの関心があるということなので、関心を持ってあげながらも「大事なことなので説明するね」と、受け止めてあげたいなと思います。でもその関わりの中で、ふざけて使う言葉ではないということは、きちんと言ってあげたほうがよいでしょう。性用語を使う上でのTPOは、1回ですぐに分かるわけではありません。年齢に合わせて幼児は幼児なりに、きちんと伝えてあげてください。

　「子どもはキスしてはいけないの？」という問いもあります。子どもたちにとってキスというのは、一つの重要な触れ合いであり、魅力的だと思っている子どももいるでしょう。こうしたキスをどう考えるかは、いろいろな考え

方・受け取り方があると思います。キスというものをどのように伝えればよいのか。子ども同士でセクシュアルな意味ではないキスをちゅっとする、というのもあります。その場合、あまりおとな側が意識してやめさせようとすると、子どもはますます隠れてしようとすることがあります。毎日毎日365日、その子とキスをするわけではないので、あまり強くやめなさいという必要はありません。おとなの反応も試験観察していることもあるのです。

　しかし、やはり「からだ」というのはそれぞれのプライベートな部分ですので、「家族でのキスとか、挨拶のキスとか、恋人同士のキスとか、いろいろなキスがあるね」と、周辺の話題からいろいろと話をするとよいでしょう。

　その辺りも、どのような議論をすればよいかは、みなさんで検討していただければと思います。

　「セックスってなあに？」という問いには、一つは「お父さんお母さん、セックスしているのかなあ」「仲良くしているのかなあ」という意味があったり、二つ目に自分が生まれたルーツを確認したかったり、三つ目に子どものできる仕組みの学習への問いがあったり、その他いろいろな背景があります。

　問いの背景にどのような意味があるかを受け止めて、その上で答えを返してあげないと、「お父さんお母さんはいま喧嘩しているけど、仲良くしてくれないかなあ」と思って尋ねていることと、科学的な意味で尋ねていることとでは必要な話の内容が全く違ってしまい、的外れになる場合があります。

6. 性教育実践者になるための学びと姿勢

　性教育、特に幼児期、学童期の性教育の実践者に必要なことについては、図3に書いてある通りです。一番大切なことは、新しい分野を切り拓くチャレンジ精神を持ち続けることだと、私は思います。このことをもっと大事にしてやっていきたいと思っています。

●図3

> **幼児期の教育者・実践者に必要なこと**
>
> ・幼児にセクシュアリティを語ることへの関心があること
> ・幼児とセクシュアリティについて議論することに誠実であること
> ・揺らぐことのできる力をはぐくんでいること
> ・幼児とコミュニケーションをとれる能力があること
> ・対話型学習方法を 使うスキルがあること
> ・性の用語と状況を自らが話せる力を持つこと
> ・学ぶ≒本を購入し読むことに努力を続けられること
> ・質の高い研修に参加する勇気を持っていること
> ・新しい分野を切り拓くチャレンジ精神を持ち続けていること

　私は日々、感動することはできるだけ大切にした方がよいと思っています。以下はローマ教皇フランシスコの来日（2019年11月）のときの言葉です。

　ここ日本は、（中略）社会的に孤立している人が少なくないこと、いのちの意味が分からず、自分の存在の意味を見いだせず、社会の隅にいる人が、決して少なくないことに気づかされました。家庭、学校、共同体は、一人ひと

りが支え合い、また、他者を支える場であるべきなのに、利益と効率を追い求める過剰な競争によって、ますます損なわれています。多くの人が、当惑し不安を感じています。過剰な要求や、平和と安定を奪う数々の不安によって打ちのめされているのです。

　いまの現実に対して、こういうリアリティを持って社会を見るということは、私たちも共有していかなくてはならないのではないでしょうか。その課題をどう見るかによって、性教育の中身が違ってくるのではないかと思います。

　最後に、古代キリスト教の説教師・アウグスティヌス（354年 - 430年）の言葉を紹介します。「**希望にはふたりの娘がいる。一人は怒りであり、もう一人は勇気である**」。私たちはこの時代の中で、アウグスティヌスが感じたような怒りを持ち続ける必要があります。特に性教育、とりわけ幼児期、学童期の性教育にチャレンジする人は、勇気が問われます。お互いに勇気を持って進められればと思います。

付録

参考にしていただきたい最近の出版本、近刊の紹介

- 橋本紀子・池谷壽夫・田代美江子編著『教科書にみる世界の性教育』かもがわ出版、2018年
- 浅井春夫・艮香織・鶴田敦子編著『性教育はどうして必要なんだろう？ － 包括的性教育をすすめるための50のQ&A－』大月書店、2018年
- 渡辺大輔『性の多様性ってなんだろう？』平凡社、2018年
- リヒテルズ直子『0歳からはじまるオランダの性教育』2018年、日本評論社
- エレン・ストッケン・ダール、ニナ・ブロックマン著、池田真紀子訳、高橋幸子医療監修『世界中の女子が読んだ！からだと性の教科書』NHK出版、2019年
- フクチマミ、村瀬幸浩『おうち性教育はじめます』KADOKAWA、2020年
- 浅井春夫・艮香織監修『親子で話そう！性教育』朝日新聞出版、2020年
- 伊藤修毅『ゼロから学ぶ　障害のある子ども・若者のセクシュアリティ』全国障害者問題研究会出版部、2020年
- 狛潤一、佐藤明子、水野哲夫、村瀬幸浩著『改訂新版　ヒューマン・セクソロジー』子どもの未来社、2020年
- ユネスコ編、浅井春夫、艮香織、田代美江子、福田和子、渡辺大輔訳『改訂版　国際セクシュアリティ教育ガイダンス』明石書店、2020年
- 浅井春夫『包括的性教育』大月書店、2020年
- 浅井春夫『子どもの未来図』自治体研究社、2020年
- 浅井春夫、安達倭雅子、艮香織、北山ひと美編、性教協・乳幼児の性と性教育サークル著『乳幼児の性と性教育ハンドブック』かもがわ出版、2020

年11月刊行予定

・ロビー・H. ハリス著、イラスト：マイケル・エンバーリー、上田勢子訳、浅井春夫・艮香織監修『コウノトリがはこんだんじゃないよ！』子どもの未来社、2020年

・中野久恵、星野恵 著、勝部真規子 絵『あっ！そうなんだ！わたしのからだ』エイデル研究所、2020年

・『季刊セクシュアリティ』（企画編集：一般社団法人"人間と性"教育研究協議会、発行所・編集部：エイデル研究所）のバックナンバーは以下のホームページで確認ください。

https://www.seikyokyo.org/book/sexuality/sexuality_back.html

おわりに
－気軽に、そして本気で性教育を－

　いま性教育は新たな発展の時期にあります。それは子どもたちの学びの要求そのものでもあり、さらに子どもの現実からおとなたちが性の学び抜きには、子どもの成長・発達をはぐくむことができない時代にあることを感じているからでもあります。そうした現実を反映して、現在は性教育への注目と期待が高まっており、乳幼児の性、LGBTQ、ジェンダーの平等、国際的な性教育の発展、性の絵本などの出版が相次いでいます。

　そのなかには実践内容として検討すべき問題点を含んだものもあります。そうしたなかで本書は、幼児期から学童期を見渡して性教育の必要な課題とテーマを網羅し、具体的な対話のポイントをていねいに語ることをめざしました。読んで終わるのではなく、実際に子どもたちと実際に語るためのイメージトレーニングとなることを願っています。

　子どもがいろんな質問をしてきますが、そのとき、"ドンピシャの答えを言わなければ"！と身構えないで、「すごくだいじなことだね。いっしょに考えてみようか」というスタンスでいたいですね。

　性の学びは、保育所や幼稚園、学校での性教育、さらに地域での性教育のネットワークを通して、つながりを持てるようにできればいいですね。でもそれがなかなかできない状況があります。率直にいえば、わが国の性教育政策が子どもたちの性的発達の現状をリアルに見ることなく、子どもたちの性行動を管理し、自己決定能力をはぐくむことにほとんど関心がないことがあります。その点でいえば、日本の教育政策全般が子どもの「最善の利益」と発達、人間の尊厳を大切にするという観点に乏しいことも指摘しなければならないのです。

　幼児期の子どもたちは、保護者やおとなの期待や視線に応えることを行動

の基準にしている面があります。それが前思春期の子どもたちは、保護者に対して、「甘え」の側面とともに「反抗」という感情をあらわにしてきます。そして子どもの気持ちの重点は「親子関係」から「仲間関係」へと移行していきます。その時期は性的関心や行動が少しずつ変化をしてくることになります。これまでの自分を再編成する時期でもあるのです。具体的な内容について、事前学習をする機会を保障していきたいものです。

　さて、読者のみなさんは読んでみて、よ〜し、性教育をはじめてみようかと思いましたか、う〜ん、難しいので“必要になるまで”！？待っておくことにしようと思いましたか。

　本書の内容は、家庭や保育・学童保育の現場でできる性教育のガイドです。書かれている通りに言わなくてはなどと、自らにプレッシャーを与えないでくださいね。そんなにうまく伝えられるわけではありません。ジグザグや「失敗」の連続のなかでも、子どもたちは一生懸命に向き合ってくれるおとなに信頼を寄せてくれるのです。だいじなことは、こんな話ができたら楽しいなと思ってもらえれば、うれしいです。性のことを話題にできるようになれば、あとはほとんどのことが垣根なく話ができるのではないでしょうか。

　本書は『季刊セクシュアリティ』の「幼児期にしたい性のお話Q&A」の連載内容に、大幅な加筆と再編成を行ったものです。

　エイデル研究所の熊谷耕さんには、『季刊セクシュアリティ』の連載企画の当初からお世話になりました。熊谷さんから編集部担当を引き継いで、この連載を単行本にするために、エイデル研究所の杉山拓也さんと山添路子さんには、本当にお世話になりました。お三人のご尽力がなければ本書は陽の目を見なかったと思います。心よりお礼を申しあげます。

　本書が子どもたちとの性の語らいを生み出すために、少しでも活かされることを心より願っています。

浅井春夫

浅井春夫（あさい はるお）

1951年8月、京都府生まれ。日本福祉大学大学院（社会福祉学専攻）を修了。東京の児童養護施設で12年間、児童指導員として勤務。立教大学コミュニティ福祉学部教員（2017年3月定年退職）。現在、立教大学名誉教授。

専門分野は、児童福祉論、セクソロジー（人性学）、戦争孤児の戦後史研究、とくに社会福祉政策論、児童福祉実践論、性教育、子ども虐待・貧困を重点課題としている。

一般社団法人"人間と性"教育研究協議会代表幹事、同・乳幼児の性と性教育サークル事務局長、『季刊SEXUALITY』編集委員、全国保育団体連絡会副会長、日本思春期学会理事。主な単著に『子どもの未来図』（自治体研究社）、『包括的性教育』（大月書店）、編著に『戦争孤児たちの戦後史 第1巻総論』（吉川弘文館）、共訳書に『改訂版 国際セクシュアリティ教育ガイダンス』（明石書店）など多数。

性のおはなしQ&A 幼児・学童に伝えたい30のこと

2020年10月26日　初刷発行

著　　　　者	浅井春夫	
発　行　者	大塚孝喜	
発　行　所	株式会社エイデル研究所	
	〒102-0073　東京都千代田区九段北4-1-9	
	TEL：03-3234-4641　FAX：03-3234-4644	
ブックデザイン	吉成美佐・熊谷有紗（株式会社オセロ）	
イ ラ ス ト	赤川ちかこ	
印 刷・製 本	中央精版印刷株式会社	